カーブアウト・
事業売却の
人事実務

マーサー ジャパン 編

中央経済社

はじめに

1 ┃ 事業ポートフォリオレビューの時代

(1) 企業成長・事業成長とM&A

　グローバルのM&A市場には，多少の繁閑の波はあっても，いつも魅力的な売却案件と，意欲的な買い手が数多く集まってくる。それは，一体なぜだろうか。

　世界の主要企業は，経験から学び，戦略レビュー，事業ポートフォリオレビューなどと称して，企業戦略と事業ポートフォリオを定期的に見直している。なぜかというと，経営環境や事業の状況は常に変化するため，事業の全体をいつも最適に近い形にしておくには常時，買収と売却の両側を検討し，実施するのが合理的で効果的だからである。

　そこで，上述のレビューを定期的に実施し，今後さらに投資・買収して強化するコア事業と，もはやそうではなくなったノンコア事業を峻別する。これらのレビューは経営者が内容を具体的に作成し，その重要性に鑑みて，ガバナンスの観点から取締役会の承認を得るのが通常である。

　レビューは，何かあったときに行うのではなく，何もなくても定期的に実施するように決めておくことが肝腎である。そうするからこそ，例えば売却の場合でいえば，業績が悪化する前に，また事業の状態が良いうちに，あるいは格好の売却チャンスが到来したときに，適切な決断がタイムリーに行える。これは，仕組みをうまく作っておくことが，人間側の不作為や誤作動，さらには筋の悪い恣意の抑止となる良い例である。

⑵　深刻な日本の生産性向上問題

　2020年以降のCOVID-19の感染爆発によって，日本の重要課題が数多く噴出した。しかし，その大半は，すでに感染爆発以前から重要であった課題が改めて認識されたものである。それが，感染爆発により，いよいよ「待ったなし」になったということである。

　改めて，世界における日本の立ち位置を確認したい。国連のデータを見ると，2020年の実質GDP上位20か国の中で，日本は過去30年間の実質GDPの伸びが大きく見劣りしている。具体的には，米国の年平均2.4％，英国の1.7％，韓国の4.6％，オーストラリアの3.1％に対して，日本は0.6％である（図０－１）。年平均ではわずかな違いにしか見えないが，これが30年積み重なった結果は棒グラフのとおりである。その他の上位国も，軒並み年平均１％台から２％台，あるいはそれ以上の高い成長である。

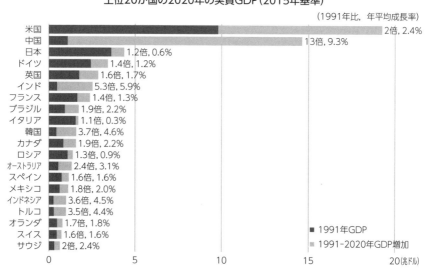

図０－１　主要国の実質GDP成長（1991-2020）

上位20か国の2020年の実質GDP（2015年基準）

出典：国連データ　https://unstats.un.org/unsd/snaama/Basicから作成

さらに，世界179か国のGDP成長を，各国の1人当たりGDPの増加（つまり生産性向上）と人口増とに分解したのが，**図0−2**である。

図0−2 実質GDP成長率の構成要因（1991-2020）

2020年実質GDP上位20か国のGDPの成長要因：1991-2020

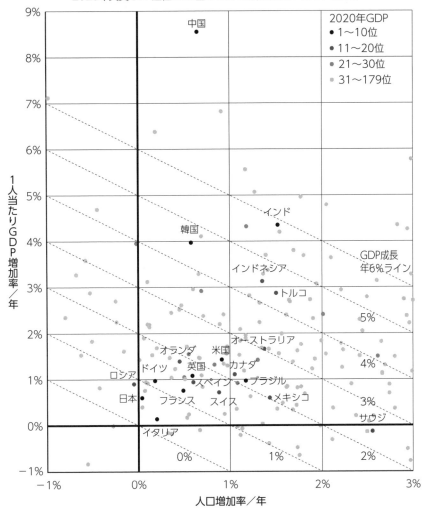

出典：国連データ　https://unstats.un.org/unsd/snaama/Basicから作成

　インドを例にとると，１人当たりGDP増加率（縦軸）は年平均およそ4.5％であるが，これに人口増加率（横軸）が年平均およそ1.5％加わり，GDP成長率（斜めの補助線）は年平均およそ６％になっている。また，米国は，１人当たりGDP増加率は年平均およそ1.5％であるが，これに人口増加率が年平均およそ１％加わり，GDP成長率は年平均およそ2.5％になっている。

　日本は，人口増加率がほぼゼロであるから，主要国よりも１人当たりGDP増加率が0.5〜1.5％程度高くなければ，相対的なGDPが低下する。しかし，実際には日本の１人当たりGDP増加率は，主要国の最下位グループである。日本でGDPが伸びないのは，人口が増えないだけでなく，１人当たりGDPの伸びでも劣位だからということがわかる。

　日本には，生産性の飛躍的向上についての覚悟が必要である。これまで，我々は頑張って生産性を改善してきたはずである。昨今は，時短も実現した。しかし，これまでの取り組み程度では，米国と比較した日本の労働生産性水準は，まったく上がっていないのが現実である（**図０−３**）。

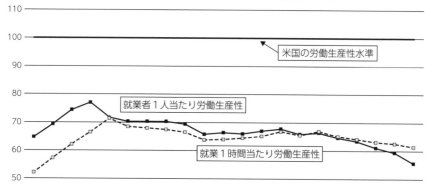

図０−３　日米の労働生産性比較

出典：日本生産性本部「労働生産性の国際比較2021」https://www.jpc-net.jp/research/detail/005625.html

　それどころか，2020年の実績では，日本の就労者1人当たりの生産性は，ポーランドなど東欧圏諸国と同等の水準である（**図0－4**）。

　企業において生産性を大きく向上するために特に重要なことは，事業の構造改革や，コア事業の選択そのものを常時適切に行うことである。すなわち，何をさておいても，まずは正しいことを正しく行うように事業を建て付ける。効率の悪いことは，もちろんしない。すると，あとは社員がグローバルに見て普通程度にきちんと働けば，グローバルに遜色のない収益と成長が実現する。このような発想に立たない限り，社員がどれだけ滅私奉公的に働いても業績は上がらず，誰も幸せにならない。

　企業において知恵と決断が最も求められるのは，この事業の建て付けのところである。それは企業や事業の経営者とそのスタッフ，そしてそれを善導する取締役が果たすべき，最も重要な役割である。

(3)　日本のコーポレート・ガバナンス議論の発展

　上記文脈を直接・間接の背景として，企業の成長・発展，より具体的には業績と競争力の伸長の観点から，コーポレート・ガバナンスの強化が議論されてきた。特に，2014年の日本再興戦略（改定）において，重点施策の1つとして位置づけられて以来，官民で取り組みが一段と進んでいる（**図0－5**）。

　特に，2020年に出された「事業再編ガイドライン」では，戦略レビュー・事業ポートフォリオレビューの重要性とその実践方法について，コーポレート・ガバナンスの観点から，これらレビューの定期実施を含めて，幅広く論じられている。

　このように，日本においてもコーポレート・ガバナンスの基盤整備が進み，改革の先送りに対しては，外堀が埋まってきた状態である。COVID-19の感染爆発による社会の大きな変化を追い風とし，日本企業においても，これまでは受け入れられなかった考えを受け入れ，「為すべきを正しく為す」ことが求められる。

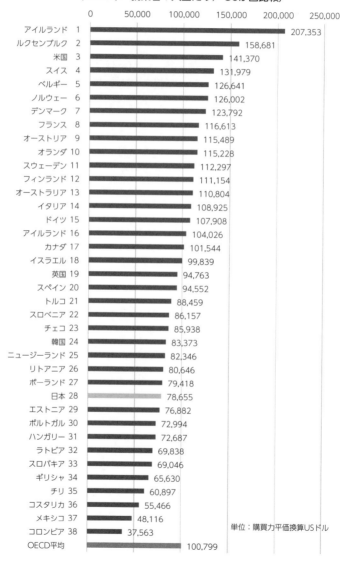

図0−4 労働生産性の国際比較

OECD加盟諸国の労働生産性
（2020年・就業者1人当たり／38か国比較）

アイルランド 1	207,353
ルクセンブルク 2	158,681
米国 3	141,370
スイス 4	131,979
ベルギー 5	126,641
ノルウェー 6	126,002
デンマーク 7	123,792
フランス 8	116,613
オーストリア 9	115,489
オランダ 10	115,228
スウェーデン 11	112,297
フィンランド 12	111,154
オーストラリア 13	110,804
イタリア 14	108,925
ドイツ 15	107,908
アイルランド 16	104,026
カナダ 17	101,544
イスラエル 18	99,839
英国 19	94,763
スペイン 20	94,552
トルコ 21	88,459
スロベニア 22	86,157
チェコ 23	85,938
韓国 24	83,373
ニュージーランド 25	82,346
リトアニア 26	80,646
ポーランド 27	79,418
日本 28	78,655
エストニア 29	76,882
ポルトガル 30	72,994
ハンガリー 31	72,687
ラトビア 32	69,838
スロバキア 33	69,046
ギリシャ 34	65,630
チリ 35	60,897
コスタリカ 36	55,466
メキシコ 37	48,116
コロンビア 38	37,563
OECD平均	100,799

単位：購買力平価換算USドル

OECD加盟諸国の時間当たり
労働生産性（2020年／38か国比較）

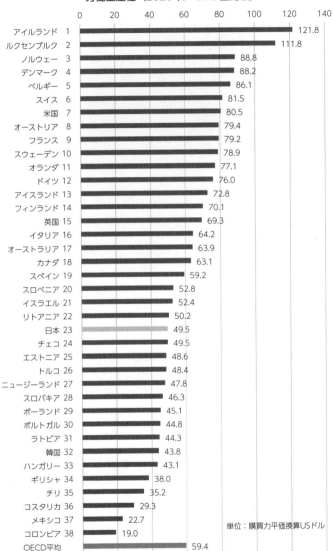

単位：購買力平価換算USドル

出典：日本生産性本部「労働生産性の国際比較2021」

| 図０－５ | 企業ガバナンス整備の主な動き |

時期	項　目
2014年	• 「責任ある機関投資家」の諸原則（日本版スチュワードシップ・コード）（策定） • 持続的成長への競争力とインセンティブ～企業と投資家の望ましい関係構築～（伊藤レポート）
2015年	• コーポレートガバナンス・コード（策定）
2017年	• スチュワードシップ・コード（改定） • コーポレート・ガバナンス・システムに関する実務指針（CGSガイドライン）（策定）
2018年	• コーポレートガバナンス・コード（改定） • 投資家と企業の対話ガイドライン（策定） • コーポレート・ガバナンス・システムに関する実務指針（CGSガイドライン）（改定）
2019年	• グループ・ガバナンス・システムに関する実務指針（グループガイドライン）
2020年	• スチュワードシップ・コード（改定） • 事業再編実務指針～事業ポートフォリオと組織の変革に向けて～（事業再編ガイドライン） • 社外取締役の在り方に関する実務指針（社外取締役ガイドライン）
2021年	• コーポレートガバナンス・コード（改定） • 投資家と企業の対話ガイドライン（改定）

2 ｜ 日本における事業・子会社売却の現状

(1) 売却と買収の推移

　前節で述べたとおり，売却しながら買収するのが世界の主要企業の標準的な手法である。これに対して，日本企業はどうか。詳細情報が入手できる1997年から直近の2021年までの25年間で，日本の上場企業が行った売却件数は，買収

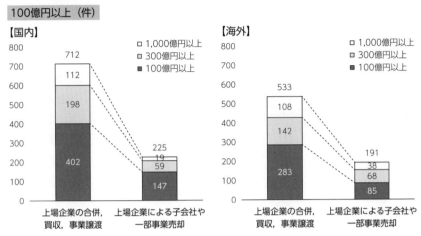

図０－６　日本の上場企業が行った買収と売却（1997-2021累計）

100億円以上（件）

【国内】

□ 1,000億円以上
□ 300億円以上
■ 100億円以上

712
112
198
402

225
19
59
147

上場企業の合併，買収，事業譲渡　　上場企業による子会社や一部事業売却

【海外】

□ 1,000億円以上
□ 300億円以上
■ 100億円以上

533
108
142
283

191
38
68
85

上場企業の合併，買収，事業譲渡　　上場企業による子会社や一部事業売却

出典：レコフM&Aデータベースから作成

　件数のおおむね３分の１にすぎない（金額100億円以上の案件）。つまり，これまで日本の上場企業は，買収意欲は旺盛でも，売却には積極的でなかった。この点，国内案件と海外案件には大きな違いがない（**図０－６**）。

　それでは，コーポレート・ガバナンスの基盤整備が進んできたところにコロナ禍の洗礼を受けたわけであるから，日本の上場企業で売却案件がにわかに増加したのか，といえば，26年間を経年で見て，現時点でそこまで読み取ることは難しい（**図０－７，図０－８**）。しかし，最近５年程度の具体的な大型売却案件（500億円以上）をつぶさに見ると，しばらく前から，考え方を変えてきている先行企業の存在が読み取れる（**図０－９**）。

図０−７ 日本の上場企業が行った買収と売却 (1997-2021経年) (国内)

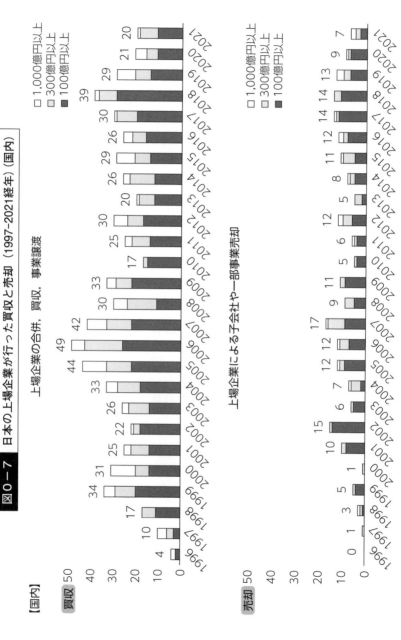

出典：レコフＭ＆Ａデータベースから作成

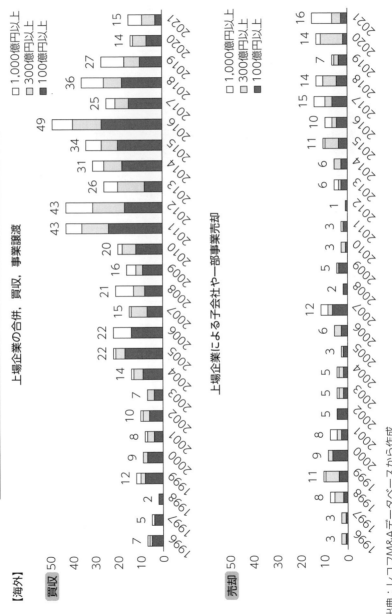

図0－8　日本の上場企業が行った買収と売却（1997-2021経年）（海外）

出典：レコフM&Aデータベースから作成

| 図0-9 | 日本企業による子会社・事業売却（500億円以上）① |

対象会社／事業	売り手	買い手	発表時期	買収総額
日立物流（上場）	日立	コールバーグ・クラビス・ロバーツ	2022年4月	6,712億円
PFU	富士通	リコー	2022年4月	842億円
三菱商事・ユービーエス・リアルティ	三菱商事，UBSアセット・マネジメントAG	コールバーグ・クラビス・ロバーツ	2022年3月	2,300億円
レーバ，ゲベケ	Nikkiso Pumps Europe GmbH, 日機装	アトラスコプコ	2022年3月	870億円
東芝キャリア	東芝	キャリア	2022年2月	1,000億円
ガビロン	丸紅	バイテラ社	2022年1月	1,248億円
西武建設	西武ホールディングス	ミライト・ホールディングス	2022年1月	620億円

出典：各種報道から作成

| 図0−9 | 日本企業による子会社・事業売却（500億円以上）② | | | | |

対象会社／事業	売り手	買い手	発表時期	買収総額
弥生事業準備	オリックス	コールバーグ・クラビス・ロバーツ	2021年12月	2,400億円
ユニバーサル製缶と三菱アルミニウムのアルミ圧延・押出事業	三菱マテリアル	アポロ・グローバル・マネジメント	2021年11月	600億円
ゲーム・ショー・ネットワークのゲーム部門	ソニーグループ	スコープリー	2021年10月	1,100億円
三菱ケミカルの結晶質アルミナ繊維の事業	三菱ケミカルホールディングス	アポロ・グローバル・マネジメント	2021年9月	850億円
MUFGユニオンバンク	三菱UFJフィナンシャル・グループ	USバンコープ	2021年9月	8,795億円
資生堂アメリカズコーポレーション	資生堂	アドベント・インターナショナル	2021年8月	768億円
昭和電工の鉛蓄電池事業	昭和電工	アドバンテッジパートナー，東京センチュリー	2021年7月	600億円
SBエナジー・ホールディングス	ソフトバンクグループ	アダニ・グリーン・エナジー	2021年5月	3,813億円
JSRのエラストマー事業	JSR	ENEOSホールディングス	2021年5月	1,150億円
日立金属（上場）	日立製作所	ベインキャピタルほか	2021年4月	8,168億円
武田薬品工業の糖尿病薬事業	武田薬品工業	帝人ファーマ	2021年2月	1,300億円
資生堂の日用品事業	資生堂	CVCキャピタル・パートナーズ	2021年2月	1,600億円
昭和電工のアルミニウム事業	昭和電工	アポロ・グローバル・マネジメント	2021年1月	500億円
ファイアストン・ビルディング・プロダクツ	ブリヂストン・アメリカス	ラファージュホルシム	2021年1月	3,500億円

出典：各種報道から作成

| 図0-9 | 日本企業による子会社・事業売却（500億円以上）③ |

対象会社／事業	売り手	買い手	発表時期	買収総額
武田コンシューマーヘルスケア	武田薬品工業	ブラックストーン・グループ	2020年8月	2,420億円
LIXILビバ（上場）	LIXILグループほか	アークランドサカモト	2020年6月	1,086億円
欧州で販売する医薬品ポートフォリオ	武田薬品工業	オリファームグループ	2020年4月	721億円
中南米で販売する医薬品ポートフォリオ	武田薬品工業	ハイペラファーマ	2020年3月	898億円
昭和飛行機工業（上場）	三井E&Sホールディングス　ほか	ベインキャピタル	2020年1月	695億円
日立化成（上場）	日立製作所ほか	昭和電工	2019年12月	9,648億円
画像診断関連事業	日立製作所	富士フイルム	2019年12月	1,790億円
ロシア等で販売する医薬品ポートフォリオ	武田薬品工業	シュターダ・アルツナイミッテル	2019年11月	712億円
サンデン・リテールシステム	サンデンホールディングス	インテグラル	2019年8月	500億円
シャイアーのドライアイ治療薬	武田薬品工業	ノバルティス	2019年5月	5,837億円
オムロンオートモーティブエレクトロニクス	オムロン	日本電産	2019年4月	1,000億円

出典：各種報道から作成

| 図0-9 | 日本企業による子会社・事業売却（500億円以上）④ |

対象会社／事業	売り手	買い手	発表時期	買収総額
三菱デベロップメントの保有する炭鉱権益	三菱商事	グレンコア，ジーエス・コール	2018年12月	625億円
東京ミレニアム・リー，東京ミレニアム・リーUK	東京海上日動火災保険	ルネサンス・リー・ホールディングス	2018年10月	1,685億円
クラリオン（上場）	日立製作所ほか	フォルシア	2018年10月	1,410億円
三重富士通セミコンダクター	富士通	UMC	2018年7月	576億円
神鋼不動産	神戸製鋼所	東京センチュリー	2018年5月	697億円
アーバイン・サイエンティフィック，アイエスジャパン	JXTG	富士フイルム	2018年3月	844億円
Mocal Energyの保有するオイルサンド権益	JXTG	サンコール	2018年2月	797億円
ゾートス・インターナショナル	資生堂	ヘンケル	2017年10月	552億円
東芝メモリ	東芝	ベインキャピタルほか	2017年9月	20,003億円
SOMPOキャノピアス	SOMPOホールディングス	センターブリッジ・パートナーズ	2017年9月	1,051億円
日立国際電気（上場）	日立製作所ほか	KKR，日本産業パートナーズ	2017年4月	2,150億円
三井物産グループの鉄鋼事業	三井物産グループ	日鉄住金物産	2017年3月	600億円
ブラジルキリン	キリンホールディングス	ババリア（ハイネケングループ）	2017年2月	785億円
日立工機（上場）	日立製作所ほか	KKR	2017年1月	1,474億円

出典：各種報道から作成

(2)　最近の象徴的な売却案件の俯瞰

　図0－9のとおり，日本の上場企業が行った500億円以上の大型売却は，2017年から2020年までの4年間，年間5～7件で推移した。これが2021年では14件に増加し，2022年は5月末の時点で7件である。

　この間，大規模な売却を継続的に行った企業は，主に日立製作所と武田薬品工業である。また，PEファンドは選択肢の1つであり，企業が売却によって自社の事業ポートフォリオを変える際に活用していることも見て取れる。

　売却案件の背景は個別にさまざまには違いないが，これらの中には，公知となった情報から，これまでの典型的な日本企業の考え方と一線を画したと思われる案件もあるので，以下にいくつか紹介する。

　2019年4月発表のオムロンによるオムロンオートモーティブエレクトロニクス（100％子会社）の売却は，報道によるとROICは社内ハードルレートの10％をクリアしており，構造改革の検討対象にはなっていなかったが，自動車業界の大変化（CASE）により今後の事業投資が多額に上るため事業の存続を困難と判断し，日本電産へ売却したものである。

　また，金額非公開のために図0－9には含まれていないが，2020年6月には，オリンパスが，自らの「祖業」で業績不振が続く映像機器事業（デジタルカメラなど）の売却を決断した。

　思い切った売却が市場に評価された時には，目に見える株価の上昇を伴う。例えば，前述のオムロンの場合は，発表翌日の株価は一時5.9％値上がりし，11か月ぶりの高値を付けた。また，オリンパスの場合は，発表翌日の株価は一時11.4％値上がりした。

(3)　日本企業が実現すべき事業売却の姿

　ノンコアと位置づけられた事業は，事業価値が高いうちに，価値相応の高い価格で，最善を尽くして売却しなければならない。ここでは，グローバルの大企業が行う事業売却のアプローチが大いに参考になる。すでに買い手として，

実際にそれを目の当たりにした日本企業は少なくないはずである。

　最も大事なポイントは，案件の開始前に，売り手が相当に準備をし，作戦を練っている，ということである。交渉を有利に進めるには，準備を尽くすのは当然のことである。しかも，売却対象事業の情報は，すべて自社にある。

　もちろん，その情報を実際に買い手に出すかどうかは交渉戦術であり，別の話である。一方で，売却をうまく進めるために，売り手が事前に何ができるのかについては，十分に知っておくべきである。

　売却対象事業は，売り手にとってはノンコア事業であるが，買い手にとってはコア事業である。日本企業の構造改革を飛躍的に進めるうえで，良質で魅力的な国内外の売却案件が増え，良質の市場が拡大することが大変重要である。

　グローバル企業にも魅力的な売却案件が増えるのと並行して，グローバルでのM&A経験が豊富な買い手が集まってくることが期待される。そこでは，売り手の経験値や準備レベルを大幅に引き上げなければ，強力な買い手と満足に交渉もできない。かといって，交渉先を気心が通じる相手に限っていたのでは，遠からず，ステークホルダーの理解は得られなくなる。

　売却の意思決定は，コーポレート・ガバナンスの問題である。しかし，売却をうまく実行し，最大のリターンを得るには，売却実務の研究が欠かせない。

3 ┃ なぜ売却でも人事実務が重要か

(1)　売却は「高く」，「遅滞なく」，「手離れ良く」

　M&Aの本質的な特徴の1つは，売却も買収もまず一度では済まない，ということである。企業は，戦略レビュー・事業ポートフォリオレビューを欠かすことなく，常に売却や買収の課題を抱え，機を見て（あるいは自ら機を作り）それを具体的な案件に移して，実行しようとするからである。

　売却では，事業規模の大小を問わず，事業の状態が良いうちに決断し実行すれば，売り手も買い手も従業員もメリットを享受できる「三方一両得」となる。

さらに売り手については，よく準備し体制を整えて臨めば，①高く，②遅滞なく，③手離れ良く，売却できる可能性が高まる。つまり，買い手に対する交渉力を高め，こちら側の業務負荷を下げることができる。

　他方，もし今回の売却がうまくいかなかった，従業員が大騒ぎになった，ということがあると，それは今後の売却にブレーキをかけ，全社の事業再編を遅らせる。「もはや売ってしまうのだから，できるだけ手間や金は掛けるべきでない」という考え方では，まず今回の案件がうまくいかず，そしてそのことが以降の案件にも影響することに注意が必要である。

(2)　売却時のHR実務の問題

　実際に，売却時にどのような点がHR（Human Resources：ここでは広く人事・人材）実務で問題となるのかを俯瞰する。

　まず，売却のスキーム次第で，各国のDB年金[1]債務をどう取り扱うかが非常に重要な論点となる。売却価格，および売却合意のタイムラインへの影響が大きいからである。これを助言する年金数理人には，M&Aの場面における知見，具体的問題解決の力量，そして交渉力が問われる。

　また，転籍，ベネフィット[2]，ペイロール[3]といったHR関連の重要作業が，さまざまな事情から円滑に進まず，売却対象全体あるいは一部の国で，打つ手がなくてクロージング[4]が遅れる事態が実際に発生している。クロージングが遅れるとなれば，財務のみならず，事業そのものや，従業員にも影響がある。

　関連して，移管対象の従業員の範囲や，人事関係債務の取扱い（DB年金債務については上述），そして雇用や処遇の条件などを，こちらの考えに近いと

1　Defined Benefit Pension Plan/確定給付年金：給付額を約束し，必要な年金原資を拠出・運用して支払う年金制度。年金制度の資産と負債の差額を退職給付引当金として，企業のバランスシートで認識
2　健康保険などに代表される従業員福利厚生制度。なお，年金はベネフィットに含まれず，別に論じることが多いが，年金を含めてベネフィットという場合もある。
3　Payroll：給与計算・支払業務，またはその業務システム
4　Closing：M&A取引が完了し，M&A契約が効力を持つ日

ころでタイムリーに合意する必要が生じることがある。このような交渉事には，細かいものもあるが，中には影響の大きなものもある。「タイムリーに合意する」というのは，売り手・買い手共通の大義名分なので，先読みと準備に勝るほうが交渉で優位に立つ。

　これらに共通するのは，事前に，海外を含む自社グループの実情を掌握し，論点を洗い出して準備することの重要性である。

(3)　役割としての売却，業としての売却

　グローバルの経験豊富な売り手を見ていると，日本企業の典型的な感覚では躊躇しそうなことを，平気で仕掛けてくる。例えば，あって当然の基本的な情報をなかなか出さない，重要情報は最後まで出さないか，検討の時間がない状況で出して「出した」というアリバイを作る，情報をわかりやすい形で伝えなかったり，時にプレッシャーをかけて相手の判断ミスを誘う，といったことである。

　これは，買収のプロがいるように，売却のプロだっている，ということにほかならない。個人の好みや信条の問題ではなくて，役割として最善の売却結果を目指し，業として（プロとして）さらなる高みを自らに課す結果である。

　魅力的な売却案件には，グローバルからプロの買い手が集まる。このような格好の場で最高の成果を上げるためには，売り手はよく準備しなければならない。繰り返すが，「どうせ売却してしまうのだから，もう金はかけない」のではなく，売却は十分に準備して「高く」，「遅滞なく」，「手離れ良く」実施するものなのである。

4 ┃本書の構成について

　このような課題認識に基づいて，本書の構成を以下のように定める。

第1章：カーブアウト[5]・事業売却のプロセスと組織・人事上の留意点
　カーブアウト・事業売却について概説し，株式売却と資産売却の差異および留意点，そして高く売却するためのポイントを明らかにする。

第2章：カーブアウト・事業売却のHRDD[6]実務
　日本企業に典型的に見られる課題を踏まえ，HRDDでの買い手との潜在的な論点と，売り手の採るべき備え方，売却契約交渉のポイントを明らかにする。
　なお，しばらく前からM&Aで盛んに活用されている表明保証保険[7]の利便性についても説明する。

第3章：カーブアウト・事業売却のサイニング後の実務
　資産売却の場合を中心に，人員の転籍，スタンドアロンイシュー[8]への対応，TSA[9]の取扱い，債務性のある人的コスト・リスクへの対応，経営者・重要従業員の人材リテンション[10]など，クロージングに向けての重要タスクと，その適切な進め方を明らかにする。

第4章：事業再編を見据えたHR機能のプラットフォーム化
　止まることのない事業再編を見据え，グローバル企業としての成長とともに膨れ上がる人材関連のコストをどのように管理し，また今後の買収や売却に備え，さらに人材マネジメントによって事業価値を高めるかを説明する。
　また，社会的にも課題感の大きい日本の年金制度再構築についても，その考え方を論じる。

第5章：カーブアウト・事業売却に伴う人員余剰対策
　人員余剰対策は，売却の近接領域にあり，あらかじめ売却と比較検討したり，

5　Carve-out：企業や事業の全体から，一部を切り出し，分離すること
6　HR Due Diligence：Due Diligence（DD）とは，M&Aの実施に先立つリスクや価値の調査。HRDDは人事デューデリジェンスを意味する
7　買収契約書で行われた表明保証が真実でないと判明した場合，買い手に生じた損害を補償する保険
8　Stand-alone issue：カーブアウトによって生じる，従業員移管，従業員向け制度，HRサービス・機能・組織などに関する問題／課題の総称
9　Transitional Service Agreement：クロージング後の所定の期間，相手方に対価を支払い，クロージング前と同様のサービスを提供してもらう契約
10　Retention：重要従業員あるいは従業員全般に対する退職抑止・引き留め策

あるいは売却が不調の時には採用したりする手法である。本章では，リストラク
チャリングの内容，プロセス，課題を説明し，カーブアウト・事業売却をより包
括的に理解できるよう論じる。

第6章：主要国別の留意点
　　クロスボーダーM&Aにおいては，国によって違いが生じることは決して珍し
くない。日本企業によるカーブアウト・事業売却が比較的想定されやすい国を取
り上げ，人事実務の観点から，従業員転籍，TSAの制限，ベネフィット・年金
での留意点，組合・労使協議会との交渉の留意点等を解説する

目　　次

第1章

カーブアウト・事業売却のプロセスと組織・人事上の留意点 - 1

1 カーブアウト・事業売却の全体像 1
(1) カーブアウトと事業売却の関係 1
(2) スタンドアロンイシューの取扱いと対策 2
① 買い手がクロージングまでに対処 4
② TSAを活用 4
③ 売り手企業が事前に対処 5
(3) カーブアウト・事業売却の全体プロセス 6
① 平時の取り組み 6
② 売却の設計 6
③ 売却プロセスの準備 8
④ 初期的な交渉 9
⑤ DDの実施 9
⑥ DA交渉 10
⑦ クロージング準備 10
2 カーブアウト・事業売却の類型と特徴 11
(1) 既存子会社の株式売却 13
(2) 対象事業を移管した新設法人の株式売却 13
(3) 事業譲渡 13

第2章

カーブアウト・事業売却のHRDD実務 ━━━━━━━━━━ 41

第3章

カーブアウト・事業売却のサイニング後の実務 ──── 81

第4章

事業再編を見据えたHR機能のプラットフォーム化 ———— 109

第 5 章

カーブアウト・事業売却に伴う人員余剰対策 ——————— 155

第6章

主要国別の留意点 ──────────────── 163

第1章

カーブアウト・事業売却の プロセスと組織・人事上の 留意点

1 カーブアウト・事業売却の全体像

(1) カーブアウトと事業売却の関係

　カーブアウト（Carve-out）とは，全体から一部を切り出す／分離する，という意味である。1つの生き物のように有機的に機能しているところから，一部を切り出すのであるから，①上手に切り出す，すなわち切り出しにあたって母体も切り出した部分も無用に傷めないことと，②切り出した後に，母体も切り出した部分も欠けるところなく，それぞれちゃんと機能することが必要である。

　M&Aにおいては，親会社からノンコアの事業や子会社を切り出し，売却するのが，典型的なカーブアウトであり，売却である。もっとも，このカーブアウト，あるいは売却がどのくらい大変なことなのかについては，案件ごとに少なからぬ違いがあるので，後段でパターンに分けて説明する。

　なお，売却は相手のあることなので，カーブアウトしたが，すぐには売却しない，ということがあるし，あとになって売却した，ということもある。また，特定コア事業の成長を加速するために本体から分離することを目的とするカーブアウトであって，カーブアウトの時点で売却や上場の意図がない場合もある。しかしながら，多くのM&Aにおいては，カーブアウトと売却は一連・一体の

ものであり，本書においても一体的に説明する。

⑵　スタンドアロンイシューの取扱いと対策

　M&Aにおいては，カーブアウトによって生じるさまざまな問題・課題を，広くスタンドアロンイシュー（Stand-alone issue）と呼んでいる。その主旨は，これまで親会社の内部で，あるいは親会社の傘の下で機能していたものが，親会社から切り離されたあとも支障なく機能するのか，ということである。もし，問題があるなら独立運営するために，手当することが必要である。それができなければ，支障・トラブルが起こり，事業価値を損ねる。なお，スタンドアロンイシューの手当を行う一連のアクションは，言葉つながりでスタンドアップ（Stand-up）と呼ばれることが多い。

　もちろん，スタンドアロンイシューは本書で取り扱う組織・人事分野に限らず，事業部門あるいは間接部門の全体に起こりうる。

　図1−1に，スタンドアロンイシューが発生する構造を示す。図にあるうち，一番左を除くパターン①③で，スタンドアロンイシューが発生する可能性がある。これは従業員や重要な機能・プログラムがM&A取引の対象（Deal Scope）に含まれていない／含めることができないので，何も手当しなければ当然にそれが欠落する，ということである。欠落する代表的な例は，親会社（あるいは

図1−1　スタンドアロンイシューが発生する構造

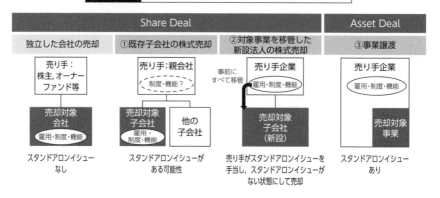

グループ他社）に雇用されている従業員，そして親会社（あるいはグループの
シェアードサービス会社）が保有している制度・サービス・機能・組織である。

　次に，組織・人事分野の典型的なスタンドアロンイシューとその手当の方法
を**図1－2**に示す。全体として，スタンドアロンイシューが発生するのは，大
きく従業員移管，従業員向け制度（ここではDay1[1]に必須のもののみについ
て言及），サービス・機能・組織などの3領域である。

図1－2　組織・人事分野の典型的なスタンドアロンイシュー

項　　目		オプション（一般的な考え方）		
		①買い手がクロージングまでに対処	②TSAを活用	③売り手企業が事前に対処
従業員移管	従業員の雇用関係	○	×（※2）	○
	海外駐在員・出向者の出向契約	○	－	○
従業員向け制度 （Day1に必須のもののみ）（※1）	医療等の保険契約	○	○	○
	退職金・年金制度	○	△（※3）	○
	その他福利厚生制度	○	○	○
サービス・機能・組織など	人事組織・人員	○	○	○
	人事機能	○	○	○
	ITシステム	○	○	×（※4）

（※1）福利厚生以外の人事制度は，基本的にクロージング以降の対応で可。
（※2）TSAになじまない。ただし，Employee Leaseを活用して従業員転籍の時期を延期
　　　することは可能。
（※3）案件ごとに可否の確認が必要。なお，米国は原則として困難。
（※4）対象会社・事業規模次第ではあるが，ITシステムは長期の開発期間や買い手システ
　　　ムとの連携が必要であり，ITシステムのスタンドアップまでを期待することは難しい。

　実務上，スタンドアロンイシューには，図1－2に示す3つの手当の方法が

1　クロージング日の通称。

4

あり，図の右側には，一般的にどの手当の方法がどのスタンドアロンイシューに有効なのかを示した。個別の案件において，この①②③のどのパターンになるのか，というのは売り手と買い手の合意事項であり，それは交渉によって定まる。一方で，どういう場合には通常どうしているのか，というプラクティスがあり，それが交渉の出発点になっている。

①　買い手がクロージングまでに対処

　売り手の負荷が軽いのは，買い手がクロージングまでに，自分で手当する方法である。具体的には，例えばM&Aに伴って自動的に移ってこない従業員の移管を買い手が完了し，Day1に必須な従業員向け制度（典型的には重要なベネフィットプログラム）を買い手が用意して移管してきた従業員を加入させる。ベネフィットプログラムの用意の方法としては，プログラムを新設するか，あるいは買い手が他拠点ですでに持っているプログラム（あれば）を使うかを検討する。

　一方，この場合は制度を流用できる他拠点をすでに保有している買い手に売却しなければならず，売り手がこれに固執すれば，売却先選定や売却プロセス上の制約条件となる。要するに，売りにくくなるのである。また，売り手が速やかなクロージングを必要とする場合は，買い手にどんなに能力があっても，クロージングまでにスタンドアロンイシューの手当が間に合わない事態もありうる。そうなると，M&Aの成立自体がリスクにさらされ，不都合である。

②　TSAを活用

　そこで，実務的にはTSA（Transitional Service Agreement）の活用がよく行われる。TSAとは，買い手が売り手に対価を支払って，所定の期間，M&A前と同様の状態を維持してもらう（Transitional Serviceを提供してもらう）内容の契約を結ぶものである。そうしておいて，TSAの期間が満了するまでに，買い手が同等の仕組みを立ち上げる方法である。つまり，買い手にとっては時間稼ぎであり，コストもかかるが，現実的にこれが最善の方法であること（あ

るいはこれしか手がないこと）は少なくない。

　例えば，医療保険の立ち上げがDay1に間に合わないことが見込まれる場合，買い手は売り手とTSAを結んで，売り手の医療保険を継続して有償で使わせてもらい，TSAの期間中は従業員とその家族に支障や不便が生じないようにする，ということである。

　もっとも，買い手のTSAの要求を何でも受けると，売り手の負荷はどんどん上がり，せっかく売却したのに手離れが悪い，何とも不都合な状態が続く。また，米国の年金のように，もとよりTSAになじまないものもある。このように，売り手としては受け入れられない内容（Non-negotiables）があるので，まずそれをディール開始前（遅くともTSA交渉開始前）に明確にし，譲れない条件として提示して交渉を始めるのが，最終的に上策といえる。

③　売り手企業が事前に対処

　残る方法は，売り手がスタンドアロンイシューを手当し，スタンドアロンイシューがない状態（典型的には図１－１の②新設子会社の状態）で売却するものである。売り手がスタンドアロンイシューの手当をするのであるから，売り手の負荷は当然大きい。これには，売り手がはじめからそのつもりで準備している場合も，売り手にはその想定はなかったが，好条件を出した買い手がそのようにリクエストし，交渉の結果，売り手がこれに応じる場合もありうる。

　売り手がスタンドアロンイシューを手当するのは，元々すべての情報が売り手内にあり，その内容をよく知る人が売り手内にいることを考えると，買い手が売り手から情報を入手して作業するよりも合理的といえる。加えて，一般に買い手にとってはスタンドアロンイシューの手当が完了しているほうが買いやすく，その分，売り手は売りやすくなる。つまり，売却の準備を早くから行えば，売却にプラスとなるのである。

　もちろん，カーブアウトした対象従業員を直接自拠点で受け入れて統合しようという買い手にとっては，コスト的にもスタンドアロン化しないほうが合理的であるため，売り手はしかるべきタイミングで整理した詳細情報を渡し，あ

とは買い手の作業のモニタリングをして，作業完了・クロージングまで粛々と
フォローするイメージとなる。

(3)　カーブアウト・事業売却の全体プロセス

　図1－3に，カーブアウト・事業売却の全体プロセスを示す。強調したいの
は，買い手候補とLOI[2]/MOU[3]を締結してDDに入る前のプロセスが長く，し
かも重要である，ということである。

　まず，特定事業の売却の意思決定が行われる前（平時）から，各企業が取り
組めることがある。

①　平時の取り組み

　ここでは，定常的に実施する企業戦略レビューや事業ポートフォリオレ
ビューに加えて，グローバルの人事機能・組織体制・人員のレビュー，各国の
保険制度等の可視化とブローカーや制度の統合によるコストメリット追求，そ
して各国に持っている確定給付（DB）年金債務の可視化とリスク圧縮を弛ま
ず進めることが望ましい。このような取り組みの積み重ねにより，売却を「高
く」，「遅滞なく」，「手離れ良く」実施する素地が整っていくのである（第4章
で詳述）。

　企業戦略レビューや事業ポートフォリオレビューの結果，特定事業の売却が
決定すると，そこからの売却の準備は，当然に当該事業にカスタマイズしたも
のになる。それでも，アプローチの大項目やその順番は一般化して説明するこ
とができる。

②　売却の設計

　ここでは，まず売却対象を売り手の本体から，どのパターンでカーブアウト
して売却するのかを決定し，併せて予見されるスタンドアロンイシューをはじ

2　Letter of Intent：意向表明書
3　Memorandum of Understanding：基本合意書

図1-3　カーブアウト・事業売却の全体プロセス

買い手との応対・交渉
社内コミュニケーション（組合を含む）

	①平時の取り組み	②売却の設計〔特定事業売却の決定〕	③売却プロセスの準備	④初期的な交渉〔LOI/MOUの締結〕	⑤DDの実施	⑥DA交渉	⑦クロージング準備〔サイニング クロージング〕
全体のタスク	・企業戦略レビュー、事業ポートフォリオレビュー ・ガバナンス・マネジメント最適化	・売却対象の分離方法の検討 ・スタンドアロンイシューへの対応（必要時）	・売却スキーム、時間軸、売却条件等の最終化 ・IM(※2)の作成、売却先へのアプローチ	・限定的な情報開示 ・LOI/MOUの交渉、望ましい内容での合意	・有利なDA締結に向けた開示情報の選択・加工・開示時期の検討と実施	・DA(※5)ドラフトの提示、交渉、TSA締結に向けた準備（応じる場合）	・買い手への継続的な情報提供 ・価格調整事項への対応
組織・人事のタスク（例）	・DB年金の債務の可視化とリスク圧縮 ・各国の保険制度等の可視化とリスク・カーや制度の統合によるコストメリット追求 ・グローバルの人事機能・組織体制・人員のレビューと最適化	・国別・拠点別の現状、法的要件や市場慣行の把握（Seller's DD(※1)） ・課題の予見と対応方針の検討 ・買い手に譲れない事項（Non-negotiables）の明確化、社内周知	・売却チームの設計、NDA(※3)署名、チーム立上げ ・IM記載事項、その他情報・資料の準備	・買い手に対する初期的な情報開示、Q&A ・有利なDA締結を見据えたLOI/MOUドラフト提示、交渉 ・売り手組合との事前協議（最も早い場合）	・開示資料の内容、粒度、タイミングなどの判断 ・有利なDA締結を見据えた資料加工 ・VDR(※4)での資料開示、Q&A対応 ・開示オペレーション、マネジメントミーティングの設計、実施	・DA/TSAへのインプット、レビュー、交渉参加 ・売り手組合との協議・交渉 ・売り手従業員に対するコミュニケーションプランの策定 ・買い手の行う経営者リテンションへの協力（買い手から要請ある場合）	・情報提供とQ&A対応、買い手側検討・実施事項のレビュー・承認 ・各国の従業員説明会のロジ支援などの協力 ・売り手従業員、対象事業従業員とのコミュニケーション ・対象従業員の分離対応の実務対応（退職金支払、各種精算等） ・TSAの最終合意

(※1) Seller's DD：売り手によるDD
(※2) IM：Information Memorandum：売り手が作成する買い手向けの売却対象説明資料
(※3) NDA：Non-Disclosure Agreement：秘密保持契約
(※4) VDR：Virtual Dataroom：売り手が買い手に対して情報開示を行うオンラインストレージ
(※5) DA：Definitive Agreement：売買契約書の総称

8

めとする課題への対応方針を固める。

　カーブアウト・事業売却には，前掲図1－1のとおり，既存子会社の株式売却，対象事業を移管した新設法人の株式売却，事業譲渡の3つのパターンがある（次節で詳述）。

　また，カーブアウトのパターンと，事業，拠点および所在国の個別事情によって，どのような課題の発生が予見され，それにどう対処するのか，情報を収集（Seller's DD[4]を実施）し，売り手としてのスタンスを固める。このとき，買い手に譲れないもの（Non-negotiables）の内容を明確化し，社内に周知する。早い段階でこのような作業をするのは，買い手によるDDが開始する時に締結するLOI/MOUの内容にこれらをできるだけ活かし，最終的にDA[5]をできるだけ有利な内容で締結するためである。

　具体的には，このタイミングで把握すべきものとして，まず，対象事業のある国ごとに，カーブアウト・事業売却の法的要件や現地慣行（組合コミュニケーション，退職金の取扱い，Farewell bonusの支給など）の把握を行う。

　また，対象事業の人材，人事制度，人事機能などの現状を，全体および拠点ごとに把握し，カーブアウト・事業売却の課題と対応方針を固める。

　さらに，対象事業に確定給付（DB）年金制度がある場合には，カーブアウト・事業売却に伴う年金債務の取扱いにつき，オプションの洗い出しと落としどころの検討を固める。

　なお，対象事業を移管した新設子会社の株式を売却する場合には，この段階で対象事業の従業員の新会社への移管，新制度設計，TSA等の手当の検討が必要である。

③　売却プロセスの準備

　次いで，ここまでの把握事項や検討事項を踏まえた売り手の考えの最終化

4　売り手自身による売却対象事業のDD。
5　Definitive Agreement：あらゆるスキームのM&A契約を総称する用語

（売却範囲，売却スキーム，時間軸，売却条件など）と，IM[6]などの必要資料の作成を行い，買い手候補へのアプローチを開始する。

　売却チームは秘密保持，あるいは利益相反の観点から，この時点では原則的に本社（コーポレート）側の人材で構成し，売却対象事業の人事部門の関与は最小限とする。平時からガバナンスが適切に機能し，対象事業の人事部門に聞かなくても，本社で必要情報が取れるのが理想である。なお，売却チームにアサインするメンバーとは，NDA[7]を交わす。

④　初期的な交渉

　ここでは，売り手は情報格差と競争状況を活用し，できるだけ有利な内容のLOI/MOUの締結を目指す。LOI/MOUに法的な拘束力はないとはいえ，両者合意済みの内容を⑥DA交渉の段階でひっくり返すのは難しい。そのため，例えば，ほとんど情報を出さないでおいて，DB年金債務は原則すべて買い手引取り，というように売り手有利に合意することができたら，この時点の交渉としては成功といえるのではないだろうか。

　なお，最も早い場合では，この時点で売り手は自社の組合と事前協議を始める必要がある。

⑤　DDの実施

　DDの実施に入ると，買い手からの大量の情報請求をさばきつつ，有利な内容でDAに合意することを目指し，適切に情報の加工と開示を進め，Q&A対応やインタビューに応じる必要がある。

　情報開示の方法として，②売却の設計のときに実施したSeller's DDの内容をVendor DD Reportに体裁よくまとめ，それのみを情報開示し，Q&Aもそれに関するものだけ受け付ける，といったやり方も，対象事業の魅力度や，買い

6　Information Memorandum：売り手が買い手候補に提供する，初期的な案件情報パッケージ

7　Non-Disclosure Agreement：秘密保持契約

手間の競争状況次第で可能であり，検討の余地がある。

⑥　DA交渉

そして，DA交渉では，売却範囲，売却スキーム，時間軸，売却条件などの最終交渉を行う。並行して，国によるが売り手の組合とのコミュニケーションや交渉を行う必要がある。また，売り手従業員に対するコミュニケーションの準備を始めるのも，このタイミングである。

また，TSA（買い手からの要求に応じる場合）については，この段階で詳細まで検討して合意するケースはないわけではないが，実務的には，この段階ではスケルトンの合意を行えば十分で，詳細合意はクロージングに間に合えばよい。

なお，買い手が対象事業の経営者リテンションを重視している場合は，売り手は買い手が1社に絞られた段階で，情報提供，リテンションインタビューの設定など，買い手に協力することが一般的である。

⑦　クロージング準備

最後にクロージングの準備がある。特にスタンドアロンイシューがある場合は，売り手は買い手の請求に応じて継続的に情報を提供し，Q&A対応を行い，クロージングに向けてのプロセスが進むように協力しなければならない。もしクロージングが遅れたり，遅れないまでも従業員に大きな不都合や不安・混乱（Disruption）が生じると，買い手のみならず，売り手も有形無形のダメージを被るからである。

したがって，売り手は，スタンドアロンイシューの手当をする責任が買い手にある場合（前掲図1-2の①②）においても，クロージングに向けてのプロセスが順調に進んでいるかどうかをモニタリングし，順調に進んでいない場合は，買い手に何をすべきかを（指示しないまでも）示唆したり，プレッシャーをかけて進捗管理したりすることになる。

2 ┃ カーブアウト・事業売却の類型と特徴

　本節では，スタンドアロンイシューが発生する３類型（前掲図１－１の①②
③）について，ポイントを説明する。なお，実務の詳細については，第２章
（サイニング前）および第３章（サイニング後）で説明する。

　まず，売却の時間軸に沿って，３類型に共通する考え方を説明する。売り
手・買い手のどちらがカーブアウトのタスクを行うかは非常に重要なポイント
だが，いったんこれを脇に置き，細かな差異を捨象して必要タスクを整理した
のが図１－４である。タスクは３つの領域で構成される。

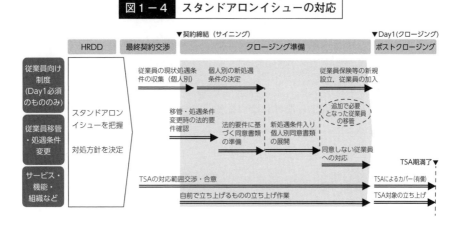

図１－４　スタンドアロンイシューの対応

　はじめ（典型的にはHRDD）の段階で，タスク横断的にスタンドアロンイ
シューを把握し，対処方針を固めた後は，各領域で検討を進める。以下に，そ
の流れを俯瞰する。

①　従業員向け制度

　まず，上段の従業員向け制度のスタンドアロンイシューでは，対象従業員の
個人別の現状処遇条件を把握し，これを踏まえ新処遇条件を決定する。このと
き，新処遇条件は，全体として「現状と同等（Comparable）かそれ以上と考

えられる内容」にするのが通常である。それでなければ，従業員は移ってこず，国によっては違法行為に当たり，訴訟に発展する場合もある。新処遇条件を決定したら，Day1までに準備しなければ従業員の生活に支障が出る重要な制度（医療保険など）を新規設立するなどして確保し，移ってくる従業員から必要な同意を得て，確保した制度に加入させれば完了である。

　もっとも，これがDay1に間に合う見込みがない場合にはTSAを結ぶことになるが，他方各国の法的制約に応じて必ずしもTSAがオプションとなるとは限らないので，複数案をもって解決を図る必要も出てくる。

②　従業員移管・処遇条件変更の手続き

　次に，中段の従業員移管・処遇条件変更の手続きについて解説する。カーブアウト・売却では，従業員を移管する方法や法的要件を，対象国別に確認するところから検討が始まる。したがって，ディールの範囲やスキーム，従業員の受入先拠点などが固まらないと，検討が始められない。同様に，図の上段の個人別の新処遇条件が決まらなければ，従業員の同意取得が始められないし，従業員の同意取得をもって上段の条件が最終決定できる関係にある。

　なお，移管にせよ，処遇条件の変更にせよ，同意しない従業員はいるため，同意が得られない場合には，当該国の法的要件や市場慣行を踏まえ，場合によっては解雇する等，対応策を検討して実行することになる。

③　サービス・機能・組織など

　下段は，サービス・機能・組織などのスタンドアロンイシューの手当についてである。はじめに定めた方針に従い，自前での立ち上げ作業，あるいはTSAの交渉を進める。Day1後は，TSAに基づいて売り手からサービス提供を受けながら，TSAの期間満了までに自前での立ち上げ作業を終える。

　以上，スタンドアロンイシューが発生する3類型に共通する考え方について説明を行った。続いて，3つの類型別にポイントを述べる。

(1)　既存子会社の株式売却（図1−1の①に対応）

すでに存在している子会社の株式売却であるため，スタンドアロンイシューが生じうるところは限られる。すなわち，売却後も必要だが，当該子会社が保有していない機能，あるいは当該子会社が契約の主体でない制度である。具体的には，親会社（グループ）で共通化している年金やベネフィットなどの従業員向け制度，グループのシェアードサービスが提供しているサービス・機能，親会社が持つ本社機能，親会社・グループ他社からの出向者などである。

この類型においては，スタンドアロンイシューの手当は，売り手・買い手のいずれが実施することも考えられ，交渉して定めることとなる。自分でやれば工数を取られ，コストがかかって大変だが，自社制度のため情報が得られやすく，期限までに立ち上げやすいメリットはある。

(2)　対象事業を移管した新設法人の株式売却（図1−1の②に対応）

対象事業をカーブアウトして新法人を設立し，その新設法人の株式を売却するため，前段の新法人設立のところで全面的にスタンドアロンイシューが生じる。

このパターンでは，スタンドアロンイシューへの手当は，通常は売り手が実施する。もちろん，買い手が実施するように交渉するのは可能だが，売り手が一元的に実施するほうが明らかにスムーズで効率的であり，また従業員にオファーを出すところなど，買い手が行うにはテクニカルに難しい点もある。

なお，買い手との売却合意ができてから，クロージングまでにカーブアウトを実施するケースと，合意の前にカーブアウトを実施しておくケースがある。

(3)　事業譲渡（図1−1の③に対応）

現状，カーブアウト・売却の中で，最も件数が多いパターンである。(2)と同様に，全面的にスタンドアロンイシューが生じる。

一方，カーブアウトされた対象事業を買い手が既存拠点に直接承継したり，

受入拠点を新設してそこで受け入れたりするので，従業員の受入れと新処遇条件の提示（転籍のオファー）は買い手が行うのが通常である。売り手は，買い手に必要な情報を渡して，買い手の作業が進捗するのを見届ければよい，というのが基本である。

しかし実際には，売り手には従業員をきちんと送り出す責任があり，組合や従業員とのコミュニケーション，当局への届け出，セベランス[8]の支払いなど，国によっては必要な諸手続きがある。また，DAで買い手と合意した内容が守られているか（例えば，買い手は現状と同等の内容のオファーを提示する，とした合意が守られているか）の確認等，売り手側にも，大なり小なり履行責任や買い手の履行責任の確認があると考えられる。

もしクロージングに支障が出たり，従業員との間で問題が発生したりすれば，買い手のみならず，売り手にもダメージがある。総じて，他のケースよりもハードルが高く，クロージングが迫る中で，売り手・買い手ともに強いプレッシャーを受けることになりうる。

3 ┃ カーブアウト・事業売却における組織・人事上の留意点

図1−5に，カーブアウト・事業売却における組織・人事上の留意点を俯瞰した。図の左側はDA締結前の期間，右側はDA締結後からクロージングまでの期間についてである。この2つの性質の対比を一言でいうと，DA締結前は「交渉」であり，DA締結後は「合意事項の実行」である。ここでは事業の売却に合意したのであるから，売り手も買い手も責務を果たして，この売却を完了する。

DA締結前が「交渉」であることの意味合いは，売り手と買い手が対等であるということである。もちろん実際には，売り手と買い手の元々の力関係に差があり，M&Aの経験・実力も同じではないので，結果として両者は対等では

8　Severance：雇用契約の解除に伴って従業員に支払う手当

図1-5	カーブアウト・事業売却における組織・人事上の留意点	

	DA締結前	DA締結後クロージングまで
性質	・交渉	・DAで合意した事業売却の実行
意味合い	・こちらに有利となるように考えて，交渉を始める。相手に親切にする必要はない ・交渉が不調であれば，合意を断念できる自由度があることが重要	・双方に実行責任がある。合意した事業売却が実行できなければ，双方にダメージ ・DAで合意した事項のみが決定事項，他のことは白紙なので，協議・協力する
組織・人事上の留意点	・事前準備に投資する：現状把握，論点の掌握，譲れない点（Non-negotiables）の明確化，情報開示・交渉の設計 ・あらかじめLOI/MOU/プロセスレターで，重要論点に売り手有利に合意しておくのが肝要 ・交渉起点である最初のDAドラフト（基本，売り手作成）には，主張をしっかり盛り込む ・売り手にとっての重要事項は，最大限詳細にDAに記載。逆に，売り手が不利になることは，手を尽くして記載を回避・削減する ・クロージングに向けた作業の買い手・売り手の役割分担を，DAで明確にする	・DA締結までの交渉の力関係はご破算になり，DA締結内容が起点となる ・役割分担による売り手の責任は果たさなければならないが，それ以上に買い手を助ける義務はない。手間やコストも持ち出しとなる ・一方で，合意した事業売却を実行するための協議・協力は，合理性や慣行に基づき，弛まず粛々と行う

ないように見えるのだが，原理的な立ち位置は対等なのである。

　ただし，対等であるためには1つだけ条件があって，それは合意しなければ売却しない（買い手であれば買収しない）という戦略的・精神的自由度があることである。これさえあれば，交渉で要求すべきことを要求して相手の反応を引き出し，次の手を考えることができる。

　ちなみに，M&Aにおいて，日本企業にある程度共通して見られる，グローバルに見て特異な行動様式の1つに，相手に合わせて譲歩に譲歩を重ねる，というものがある。まるで，売却する時は相手にお願いして買っていただき，買収する時は相手にお願いして買わせていただいているように，相手に映るかもしれない。もちろん，企業によって大きな差異があるし，案件によっても違う。しかし，関係者が皆おかしいと認識していても，ともするとそうなってしまう

のは，「最終的には今回必ず売却せよ（買収せよ）」というように，何か理由が
あって他に道がない状況での交渉を余儀なくされるか，自分でそう考えてしま
うから（さらに，誰かにそのように仕向けられるから）ではないか，と考える。

　次に，DA締結後が「合意事項の実行」であることの意味合いは，売り手・
買い手の双方が売却の実行責任を持つということである。逆に，もし合意した
事業売却が実行できなければ，合意した条件・期日等で売りたかった売り手に
も，買いたかった買い手にも，ダメージがある。

　DA締結後の売り手・買い手のそれぞれの役割・責務のよりどころは，現時
点の最終合意文書であるDAである。DAに記載のないことは，要するに白紙
であり，協議する必要がある。しかし，DAにおいて原理原則が合意されてい
れば，詳細はそれを踏まえた協議になるので，協議の手間と期間を大幅に圧縮
し，かつ協議結果のぶれ幅を小さくすることができる。

　それでは，以下にDA締結前と締結後に分け，図１−５に沿って，カーブア
ウト・事業売却における組織・人事上の留意点を説明する。

(1)　DA締結前の留意点（図１−５の左側）

　まず，事前準備に十分に投資をし，準備を尽くし，準備万端整えて売却を開
始することが大切である。親会社のガバナンスプロセスの一環として，戦略レ
ビューや事業ポートフォリオレビューを定期的に行い，該当した事業の売却を
機関決定するところが起点となる。これが遅れ，事業の状況が悪化して，いよ
いよ最終局面での売却となると，他に道のない状況での売却交渉を強いられ，
満足な交渉などできなくなる。

　対照的に，最初に良いスタートが切れると，事業価値が高い時に，かつ時間
的な余裕も多少はあるなかで，十分な準備ができる。すなわち，その事業の現
状をグローバルに把握する時間を稼げる。現状が把握できたら，次は拠点別・
項目別の論点の掌握，整理である。

　この整理を踏まえ，法的要件はもとより，売却交渉において絶対に譲れない
点（Non-negotiables）や，簡単に譲れない点が何であるのか，明確にして社

内のコンセンサスを取るのが肝腎なところである。自分でこれがわかっていなければ，買い手の機先を制することなどできない。逆に買い手に経験や明確な問題意識がある場合は，対象事業の情報がなくてもやすやすと機先を制され，交渉が後手に回る。

　この絶対に譲れない点や簡単に譲れない点はケース・バイ・ケースとはいえ，典型的には，必ず売却したい事業・拠点の範囲，経営者のLTI[9]や持ち株の清算方法，DB年金債務の取扱い，移管従業員の解雇や処遇条件変更の制限，移管従業員にオファーする処遇条件・範囲などがある。なかには自社で決められそうな項目もあるが，経営者報酬，DB年金債務などは専門性が非常に高く，この段階で経験のあるアドバイザーに助言を求める価値がある。

　そして，ここでの検討結果を，買い手との交渉にどのように入れ込み，得られる結果を最大化するのがよいか，情報開示と交渉を設計する。もちろん，これは計画の第一版であり，今後，状況に合わせて更新を重ねる。

　この検討を行っただけでおしまいにせず，形にして売却に生かすには，まずはLOI/MOUドラフトが重要になる。ここに，上記の絶対に譲れない点や，簡単に譲れない点を巧みに盛り込み，もしもそのまま買い手と合意できれば，今後の交渉に自社有利な大枠をはめたわけであるから，非常にプラスである。

　なお，この時点では，買い手は対象事業の固有情報をほとんど持っておらず，またM&Aの経験も必ずしも豊富とはいえず，あるいは経験のあるアドバイザーをすでにリテインしているとも限らない。このため，買い手によっては意外とすんなりと受け入れる可能性はあり，思い切って試してみる価値は高い。

　引き続き，DDにおいて情報開示を巧みに行い，交渉起点である最初のDAドラフトに，売り手の主張をしっかり盛り込む。交渉の中で，あとから条件を有利に持っていくことはまずできないので，最初にしっかりと最大限の主張をしなければならない。ここでも，買い手はさまざまな理由で，意外とすんなり受け入れる可能性があるので，売り手は自ら進んで自分の手足を縛るべきでな

9　Long-Term Incentive：複数年を業績評価期間とするインセンティブ

い。

　それどころか，海外の売り手は，あの手この手で情報開示や交渉を工夫し，自社有利にDAを締結しようとする。これは，何のために売却するのかを考えれば，当然のことである。例えば，買い手として苦労した経験のある方は多いと思うが，情報をストレートに出さずにわかりにくく／誤解するように加工して出す，重要な注記は書くが見落としを誘うように書く，重要情報を検討する時間が非常に限られたDA締結間際の段階に出し，見ない買い手が悪いとする，などである。他の買い手がいない時に，売り手がオークションを装うのも通常のことである。

　売り手にとっての重要事項は，最大限詳細にDAに記載して合意し，買い手を縛る。これは，あとで買い手が無用な蒸し返しの議論を始めないための，仕切りでもある。逆に，売り手が不利になることは，手を尽くして記載を回避し，あるいは記載内容を削減する。一例を挙げると，クロージング前の売り手による対象従業員の引き抜き禁止の記載がないDAを締結できれば，契約上は引き抜きができるし，やってよいことになる。もちろん，当該人物のランクや個人名によっては，買い手との間で大問題になり，事態を収拾するのも大変だが，必要な時には引き金が引けるように仕組んである，ということである。

　最後に，クロージングに向けた作業の買い手・売り手の役割分担を，DAで明確に規定する。売り手としては，もちろん自らの役割・責任の最小化を図る。

　併せて，買い手側のタスクやプロセスに対して，適宜レビューを入れられるように定めたり，売り手の承認事項としたりして，買い手が役割・責任を果たしているのをチェックするとともに，売り手側に問題が発生するのを抑止することも少なくない。例えば，転籍する従業員へのオファー内容や進捗管理への関与ができるように，DAで合意するのがこれに当たる。

　以上，図1－5の左側は交渉の世界であり，結果をDAに落とし込む世界である。そのせめぎ合いは，LOI/MOUのドラフト作成から始まる。もちろん，これはディールの全体を見て合意の落としどころを探るもので，組織・人事分

野だけを見て交渉に勝った，負けたという性質のものではない。

　しかし，まずは目一杯の要求を組織・人事チームからディール統括チームへ上げることができなければ，話が満足に始まらない。また，買い手といろいろ合意できたとしても，DAに落とし込むことに失敗すれば，何も合意しなかったのと同然である。

　逆に，交渉の過程で，こちらにとってネガティブなことにあれこれ合意させられたとしても，DAへの記載を回避したり，記載内容を減らしたりすることができれば，上々のリカバリーなのである。

　LOI/MOUドラフト作成時と同様に，DAドラフト作成・交渉時にも経験あるアドバイザーの助言は価値がある。カーブアウト・売却（その反対側のカーブアウト・買収）案件において，DA合意後に経験あるアドバイザーをリテインしてクロージングを目指しても，相手側が一枚上で，すでに大枠を相手に都合の良いように仕切られてしまっており，そのなかでどこまでできるかの話になっている例が少なくない。

⑵　DA締結後の留意点（図1−5の右側）

　DA締結前は，合意できるかどうかわからず，力関係の差はあるものの，一方で合意しない自由度を保ちながら，原理的に対等な関係で交渉した。これに対して，DA締結後はどうなるかというと，DAで合意したことには実行責任があるが，他のことには（法令などを除き）縛られる筋合いがない，という，これも原理的に対等な関係なのである。

　もちろん，合意された売却の完了は双方の利益なので，双方協議・協力して未決定事項について合意し，実行する。他のことは白紙なので，協議・協力する。DAにおいて原理原則が合意されていれば，詳細はそれを踏まえた協議になる。

　例えば，仮に交渉時に，「お願いして買っていただいた」，「お願いして買わせていただいた」という力関係があったとしても，DA締結によって，両者満足できる内容で合意したのであるから，交渉時の力関係やマインドセットはご

破算となり，もはや「お願いして買っていただいた」経緯や，「お願いして買わせていただいた」経緯を自分で引きずって，下手に出続けなければならない理由はない。DA締結までに買い手側にあった「合意しない」というジョーカーカードは放棄されており，決められた合意事項に従って両者協力し合うほかないのである。

　もっとも，もし相手がDA締結までの経緯を引きずっているようでいたら，それはそれでこちらには好都合なので，わざわざ教えてあげる義理もない。

　「DAに記載のあることのみが合意事項であとは白紙」というのは，例えば，DA締結後，クロージングに向けて両者協議する場で，以前にDA交渉の席で相手が提案したオプションを踏まえた案を出しても，「それはDAで合意していない」，「こちらがそう言ったかもしれないが，それはDA合意前の話だ」と一蹴されて取り合ってもらえないし，こだわると他の話まで難しくなってしまう，ということである。また逆に，そういうことを言われたら，取り合うだけ時間が無駄なので一蹴してもよく，相手に優しくする必要はない，ということである。

　同じように，DAで定めた役割や責任の範囲なのに，経験やリソースがなくて困っている相手側を助けてあげるのは，こちらの手間やコストの持ち出しになるだけであり，そのようなリクエストには応じる余地がない。これが日本企業同士だと，「お前，それでも日本人か」と相手からなじられそうだが，仕方がない。自分の役割・責任を果たすのに不足する経験やリソースは，自分で補完するのであって，こちらが助けることではない。

　一方，DAで決まっていない白紙状態の内容を協議して進めるときの軸は，合理性（理屈と効率）になる。市場慣行も拠り所になるが，なぜそれが市場慣行になっているのかを考えれば，そうするほうが理屈が通って効率的だから，ということに落ち着く。

　ここで，DAに考え方の原理原則（Principle）が合意されていれば，完全には決まっていないだけで，大枠は決まっているので，協議が効率的に行え，着地点も大きくぶれにくい。例えば，複数国に関わるディールなど，グローバル

DA締結後に個別の国のDAを最終化する余地を残していた場合でも，グローバルDAで原理原則が包括的に決まっていれば，そこが検討の出発点になるので，結論のぶれ幅は必要最小限に近づけられる。

しかし逆に，この原理原則がないか，あってもあまりに形だけで，何も書いていないに等しい内容の場合には，最悪，個別の議論を各国の局地戦で行うことになり，大変に非効率でコストがかかる。DA合意内容を減らしてでも合意を急ぐ事情は常にあるものだが，経験のあるアドバイザーがいれば，少ない追加投入時間で，効果に優れたやり方が見出されるはずである。

4 日本企業の事例紹介

本節では，(1)事業譲渡と，(2)対象事業を移管した新設子会社の売却について1つずつ事例を紹介する。これらは，著者が経験した複数の事例からそれぞれ特徴的な事象を集めて1つのストーリーとしてまとめたものである。わかりやすいようにやや極端に描写しているので，何が問題であったのか，あるいは何がうまく進めるカギであったのかを考えながら読み進めていただきたい。

これまで述べてきたとおり，カーブアウト・事業売却には，プロセスに入る前にあらかじめ準備して決めておくべきことや，案件開始後に踏むべきステップがある。よって，拙速に売却プロセスに入ると大抵失敗する。

また，周到に準備したつもりであっても，経験不足でプロセス途中の対応を誤れば失敗する。案件の類型にかかわらず，売り手と買い手の間でM&A案件の経験値の差が大きい場合は，経験値が乏しいほうの当事者が一方的に不利な状況に追い込まれることが多い。おしなべていえば，売却案件における日本企業の売り手としての経験値は残念ながら乏しいといわざるを得ず，海外企業に対して交渉負けする場面もしばしば見られるのが実情である。有能なアドバイザーを起用することは経験値の差を埋めるために有効だが，当事者同士の交渉の巧拙はやはり場数の蓄積がものをいう側面がある。

(1) 多国籍カーブアウト（事業譲渡）案件における事例

① 案件概要

　案件の概要は**図1－6**のとおりである。売り手A社が，買い手B社に対して，グローバルに展開するノンコア事業aを譲渡するという事業譲渡案件である。成功している日本企業の多くでは海外の事業規模が国内より大きくなっており，この事例のように，本社が日本にあっても海外従業員のほうが多いことはしばしばである。一方で，海外拠点に対するHRガバナンスがしっかりと行き届いているかというとそうでもなく，ましてや海外拠点をカーブアウトで売却・買収した経験が豊富に蓄積されている日本企業はまだ多くはない。

図1－6 事例(1) 案件概要

項　目	内　容
売却の背景	売り手A社の事業ポートフォリオの組替え。近年策定した中期事業計画の中で，事業aはノンコア事業として位置づけられることになった。かつては独自技術が一部の顧客に高く評価されていたものの，市場における占有率は低く収益性も低迷していた。技術の進化に対応し，市場規模を維持・拡大するには継続的かつ大規模な投資が必要になるため，売却を判断した
売却スキーム	事業譲渡
売り手	日本企業A社。グローバルで複数事業を運営
買い手	日本企業B社。グローバルで複数事業を運営
対象事業	売り手A社の有する事業a。日本における売上規模よりも海外のほうが大きい
対象国・従業員	日本，欧米，アジアの合計10か国以上。日本に所在する従業員よりも海外に所在する従業員のほうが多い
その他	両社ともグローバルに広く法人・支店を有している。両社とも株式買収の経験はあるが，資産買収の経験はない

②　時系列での発生事象

　本件におけるLOI締結〜DAサイニングまでの流れは**図1−7**のとおりで
あった。まず，従前から関心を持ってくれていたＢ社にＡ社から声をかけ，相
対で取引を開始した。

　続くDD・DAサイニングまでの局面では，労働組合の関心が日本の従業員
にあったこともあり，日本の従業員についてはかなり細かい論点まで詰めるこ
とができた。対照的に，海外拠点の従業員転籍，スタンドアロンイシューの対
応方針についての議論はほぼまったくなされなかった。国内外の事業規模のバ
ランスを考えれば，海外の従業員の取扱いをこの時点で討議・決定しておかな
いことへの異論も両社の一部にあったが，そのままDAサイニングを迎えるこ
とになった。これが後々尾を引いてサイニング以降のさまざまな問題を引き起

図1−7　事例(1)　LOI締結〜DAサイニングまで

タイムライン	発生事象
1月〜	**相対での売却プロセスのスタート** ● Ｂ社からは，ａ事業買収の打診が従前も何度かあったが，Ａ社としては売却予定がなかったため，断ってきた経緯があった ● このたび，正式にａ事業がノンコア事業として分類されることとなったため，Ａ社からＢ社に声がけをして，相対での検討を前提とするLOIを締結，売却プロセスが正式にスタートした
〜4月	**デューデリジェンス〜DA最終交渉の実施** ● 法務・財務関係のデューデリジェンスを優先したいという両者の意向が合致し，HR関連については十分な調査は行われなかった ● 日本の従業員の取扱いについては詳細にわたる調査・討議がされたものの，海外の従業員の取扱いについてはほとんど議論が行われなかった
〜6月	**売買契約の締結** ● 日本の従業員の転籍取扱いについては，詳細な条件が記載された ● 一方，海外拠点の従業員についてはほぼ言及なく，サイニング以降に国別の個別契約書の中で取扱いの詳細を定めることとされた

こすことになる。

　サイニング以降の事象を時系列で整理したのが，**図１－８**である。通常，DA締結後クロージングに向けては，DAで合意した事項の実行フェーズに入る。いわば売り手・買い手はそれぞれDAに規定された役割を粛々と演ずることでクロージングに向けて歩みを進めることになる。しかし，本件では，海外拠点の従業員についての取り決めがDAにほとんどなかったため，転籍作業が

| 図１－８ | 事例(1)　DAサイニング～クロージングまで |

タイムライン	発生事象
9月	**海外拠点におけるクロージング準備作業の膠着** ● 日本での従業員転籍準備はDAの規定に則って粛々と進められた。しかし，海外拠点では，制約条件や作業主体が不明瞭なため，転籍作業が遅々として進まず膠着状態となった
10月	**従業員による抗議行動の勃発** ● ある国では，従業員による抗議行動が勃発し，売り手が和解金を支払うこととなった。和解金はプロセス遅延を懸念した売り手が負担した
11月	**本件対象従業員の範囲をめぐる交渉発生** ● 一部の拠点では，a事業の占める割合が比較的高いため，間接部門の従業員の余剰が売り手側社内で問題として浮上。売り手の拠点内での配置転換ないし解雇（費用は売り手負担）で決着
12月	**転籍オファーの準備遅れ** ● ようやく買い手側が転籍オファーを提示するための情報収集を開始。しかし，売り手側本社では現地従業員の処遇条件に関する正確な情報を把握しておらず，情報収集に１か月以上を要した ● 買い手も本社と従業員の転籍先となるローカル拠点との意思疎通が悪く，転籍条件の検討に大幅に時間がかかった。見かねた売り手は，一部拠点で転籍条件の説明会を買い手に代わって主催した
翌年２月	**クロージングの遅延・従業員の離職** ● 当初予定からおよそ４か月遅れてクロージング，同時に全従業員の転籍も完了した。この時点で，海外従業員の約３割が離職していた

膠着することとなった。

　そうしている間に，ある国では従業員からの抗議行動が勃発し，売り手が和解金を支払うこととなった。A社内ではB社の対応が遅いからこのような問題が発生したのであり，和解金をB社負担とするよう交渉するべきだという議論もあった。しかし，まだ買い手の傘下にある拠点で発生した問題の収拾に当たるための費用でもあり，特に厳しい交渉をすることはなく自ずと和解金はA社が負担することとなった。

　続いて，このタイミングになって対象従業員の範囲をめぐる問題がA社内で提起された。a事業がカーブアウトすることに伴い，相対的にa事業の占める割合が高い拠点では，間接要員が余剰になるというのである。これは事前に想像ができたことであるが，この時点で初めて正式に問題を認識したA社は「対象従業員の範囲の決定」という通常はDAサイニングの段階で相当程度定まっているべき事項をこの段階で検討・交渉することに時間を費やすことになった。当該国ではB社の受入拠点にすでにコーポレート部門の要員が揃っていることから受入交渉は当然に難航し，結果的にA社が同拠点内での配置転換ないし解雇で対応することとなった。

　このようなさまざまな事前準備不足・トラブルにより，元来はDAサイニング以降速やかに着手するべき海外従業員の処遇条件に関する情報収集が，3か月ほど遅れてようやくスタートすることになった。ところが，ここへきて両社それぞれのグローバルでのHRガバナンスの弱さが露呈し，さらなるトラブル・遅延を引き起こすことになった。A社本社では現地従業員の処遇条件に関する正確な情報を把握しておらず，海外拠点に問い合わせて情報をまとめるだけで1か月以上を要した。一方のB社も本社と従業員の転籍先となるローカル拠点との間の風通しが悪く，転籍条件の検討に大幅に時間がかかった。さらなる遅延を見かねたA社は一部拠点での転籍条件の説明会をB社に代わって主催，説明のリードも引き受けた。

　結局，当初予定から4か月も遅れてクロージング，従業員の転籍も完了することになったのだが，この時点で，A社海外従業員の約3割が離職していた。

③　本事例からの教訓と解説

　この事例で売り手・買い手双方が被った実害は，大きく３つに集約できる。クロージングの遅延，無駄なコストの発生（転籍支援金，長期化したプロセスに対応するための人員の対応工数，等）および従業員の離職による事業価値の毀損である

　このうち，従業員の離職は，売買価格やクロージング条件に影響がない限り（例えば，従業員の一定比率以上を転籍させなくてはならないという義務が売り手に課されているといったことがない限り），売り手にとっては実害がないと思われるかもしれない。しかし，実際には本件売却がスムーズにいかなかったことにより，次に控えた別の事業売却についても従業員心理がネガティブに働く可能性があり，金銭では測れない大きなダメージを売り手も被ったといえる。

　このような帰結を招いたのはなぜかといえば，両社とも経験がなく全般的に打った手が悪かったということにつきるのだが，厳しい見方をすればこれはすべて売り手の失態である。なぜならば，買い手を選ぶのは売り手であり，このような失態を繰り返す買い手を選んだこと，さらに買い手の失態を厳しく追及しない曖昧な交渉態度で臨んだのはほかでもない売り手だからである。

　売り手の自責の視点で，本件の失敗の原因を整理すると次のとおりである。

(i)　重要事項をDAに盛り込んでいなかった

　特にカーブアウトにおいては，株式譲渡の場合と異なり，サイニングからクロージングまでのタスクが相応に詰まっている。そのため，クロージングに向けて生じる論点のうちわかっている重要な項目については，サイニング時点で，ある程度のガイドライン・フレームワークを合意しておく必要がある。

　これがないと，ただでさえクロージングに向けてタイトな日程の中で次々に発生する諸問題をさばききることができず，全体日程の遅延につながる。今回の事例では，サイニング時点で海外拠点従業員の取扱いについて何も合意されていなかった。これでは，サイニング以降にゼロから各国の議論を始めること

になるので，時間がかかって当然である。

　少なくとも基本的な事項，例えば「買い手が提示する処遇条件は全体として同等水準を維持する」など，売り手としてどうしても譲れない条件は売買契約書に必ず含めておくべきである。これを含めると，買い手が提示しようとしている処遇条件の同等性が確保されているか，という確認を売り手が行う手続き（Comparability[10] Assessment）をプロセス上に含める必要が生じるため，手続き上のステップは増えることになるが，売り手としての安心感は増す。

　また，本件では予期せぬ従業員の抗議行動が発生し，和解金を売り手が負担することになった。実は抗議行動が一般的に起きやすい国というのは特定できるので，売り手が事前にSeller's DDを実施して準備していれば，DAサイニングの段階で売り手に有利な条件（例えば，法定外の和解金が発生した場合は折半とする，あるいは誠意をもって協議することとする，など）を含めておくことを検討できた可能性がある。

(ii)　売り手自らが，売り物の中身を十分理解していなかった

　本事例では，サイニングが終わり，クロージングに向けてのカウントダウンが始まってからようやく，A社は自社の海外従業員の就業条件に関する十分な情報を把握していないことに気がついた。また，同じくサイニング後になって，本件対象となる従業員に間接従業員を含めるのかどうかが社内で問題提起され，プロセスのさらなる遅延を招いた。経験を積んだまともな買い手であれば，買収契約書にサインする前に，日本以外の各国ローカル従業員の処遇条件を相当程度確認しなければ怖くて買収価格を決められないのではないかとも思われるが，特に人事関係についてはデューデリジェンスの最優先事項から漏れていることも多く，この事例のようなことがまったくありえないとは言い切れない。

　仮に買い手がデューデリジェンスで海外拠点の従業員情報（従業員センサス[11]，報酬，主要なベネフィット，退職金制度，等）の詳細な開示を求めるこ

10　従業員の処遇条件の同等性。
11　Employee Census Data：従業員全員の個人別詳細HRデータ

とがないとしても，売り手としては，Seller's DDを実施して事前に情報を整理し，把握しておくべきである。これを整理していないということは，いわば何を売っているのか売り手すらわからない状態にあるということである。日本を代表するようなグローバル企業はさておき，ローカル拠点の売上や在庫の情報はタイムリーに把握していても，雇用区分別・等級別の要員数となると途端に正確にはわからないという中堅～大手企業は実は多い。

　売却のプロセスに入る前に，各海外拠点の基礎的な人事情報，人事サービス（給与支払機能・HRIS[12]など）の提供方法・提供主体については，整理・把握しておくことが重要である。この際，まだ売却案件については，ローカル従業員には知らせることができないので，駐在員を中心に情報収集を進めようなどと考えると大抵失敗する。本社のガバナンスが効いていないから現地の情報を即座に把握できないのであって，早々にローカルのHR責任者をNDAにサインさせて堂々と情報収集に巻き込むのが早いし正確だと考えられる。

(iii)　買い手との交渉態度が弱腰だった

　A社にとってはもはやコア事業ではないa事業の売却は厄介払いであり，B社は従前から関心を寄せてくれていた最も好ましい買い手と見えたかもしれない。

　しかし，株主価値の最大化を追求すればオークションプロセスをとることも十分に考えられたところ，もっと高く売れる可能性を自ら摘んでしまった。売却巧者は，実際には相対であるにもかかわらず，他に競合入札者がいるオークションであるように振る舞うことでより良い条件を引き出そうとすることもある。今までの関係性を重視して安易に相対取引からスタートしてしまうのはやや遠慮がすぎたように思われる。

　さらに，本件ではこの入り口での遠慮が交渉プロセス全体に影響していたようである。B社はB社としての合理性があって本件買収を進めていたのであり，

12　HR Information System：HR関係のITシステム

A社としては「ノンコア事業を買っていただく」とへりくだる必要はない。よって，従業員の抗議行動発生に伴う和解金の負担や余剰となる対象従業員の範囲については，より積極的に売り手の利益を追求する姿勢があってしかるべきであった。

もしA社が上場企業であれば，無用に弱腰な交渉をしてa事業を不利な条件で売却することになれば，株主に対する背任として訴えられるリスクすらある。

商売の基本は安く買って高く売ることである。事業運営では常にこれを意識しているにもかかわらず，特に売却慣れしていない日本企業は事業そのものの売買となると途端にこの原則を忘れてしまうことがあるようである。

売り手のノンコア事業は，買い手にとってはコア事業だということを念頭に，対等な交渉姿勢を維持することが必要である。

もっとも，すでに事業価値が目に見えて毀損した状態になってからでは，対等な交渉姿勢を維持することは難しくなる。売り物になるうちに売ることを決断することが必要である。これはビジネス環境を踏まえた事業ポートフォリオの組替えをどのタイミングで行うべきかというビジネス判断であり，本書のテーマからは離れるためここでは論じない。

(iv)　売り手と買い手の責任区分を曖昧にしてしまった

株式買収の場合に比べ，資産譲渡の場合は買い手と売り手の共同作業が多いことから，特にDAサイニング以降は両社で協力して共通目的であるクロージングを目指すという空気感になりやすい傾向がある。このこと自体は悪いことではないが，本来の売り手と買い手の役割を認識したうえで，必要に応じて歩み寄るという原則論を見失うと，責任の所在が曖昧になる。

責任の所在を曖昧にすると，本来必要がない作業を請け負うことによるコストや無用なリスクを背負い込むことになる。

本件では，転籍作業の遅延を懸念した売り手が，途中で買い手に代わって，従業員への転籍条件の調整・説明を主催した。法的に買い手が転籍にあたってのコミュニケーションを実施する必要がある場合（ARD[13]/自動転籍など）を

除いては，転籍に向けてのコミュニケーションは買い手が主導するのが通常である。これに売り手が関わることにより，転籍条件に対する従業員の不満が生じた場合に，その矛先が売り手に向かうリスクを負うことになる。

(v) 人事関連事項に係る交渉のポリシーが明確でなかった

「従業員が大事だ」といってこれを否定する人は古今東西どこにもいない。しかし，どの程度大事に扱うべきかということのスタンダードは，各国の法制やプラクティスによって異なる。

わかりやすい例としては，解雇の金銭解決の可否の問題が挙げられる。本書執筆日現在，日本では所定の解雇手当を支払えば，雇用主がそれ以上の責任を負わないとする法律は存在しない。これは世界的に見れば特殊で，解雇手当を払えば会社都合で合法的に解雇できる国は数多く存在する。また，解雇手当の金額が法定で勤続年数の〇か月分など具体的に定められている国もある。

こうなると，当然ながら会社として共通のポリシーとしては「従業員が大事」と謳っていたとしても，人員余剰に直面したときの対応方法は国によって異なるのが当然である。

この事例では，間接要員を対象範囲に含めるかどうかの議論がDAサイニング後に発生し，全体プロセスの遅延につながった。解雇の金銭解決が可能な国であれば，どちらがその人員を受け入れるかではなく，解雇手当のコストをどちらが負担するかを論点にすることができるので，交渉の難度は下がる。

Seller's DDにより，あらかじめ対象国における解雇をめぐる法規制，HRプラクティスを売り手として調査したうえで，このような事態が生じた場合の対応方針を定めておけば迅速な対応ができたと考えられる。なお，国によっては転籍スキームにかかわらず従業員が転籍を拒否した場合は，買い手が他の業務を自社内で探して提示することが義務づけられる場合もあるため，実際に揉めた場合の出口はより複雑な場合がある。

---

13 Acquired Rights Directive/EU既得権指令：資産や事業の売却において，EU加盟国において適用される法令

　この他に買い手と売り手の利害対立がしばしば生じる点としては，退職金の承継要否・可否が挙げられる。頻出する交渉論点を事前に予測・整理したうえで，方針を決めておくことが肝要である。

(2)　多国籍の株式譲渡案件（新設法人）における事例

　この事例の売り手はM&Aの巧者であり，十分検討された売却条件を準備していたが，買い手もそれと同等以上の巧者であり，売り手は想定より大きい従業員債務を手元に残すことになった。

①　案件概要

　案件の概要は図1－9のとおりである。

図1－9　事例(2)　案件概要

項　目	内　容
売却の背景	売り手C社の事業ポートフォリオの組替え。本社の意思決定により，事業cは低収益事業として売却の対象となった。祖業を含む事業であり，世界的なシェアは依然として高いものの，近年は収益力が低下しており，本社のリソースを他の事業に集約する必要性が生じていた。株主からの強い圧力もあり，売却が決定した
売却スキーム	対象事業を法人化したうえで株式売却
売り手	欧州を中心としたグローバル企業C社。グローバルで複数事業を運営
買い手	アジアを中心としたグローバル企業D社。グローバルで複数事業を運営
対象事業	売り手C社の有する事業c。欧州における事業規模が最も大きいが，欧州外も遜色ない規模
対象国・従業員	欧米，アジアの数十か国に展開，従業員数千人
その他	両社ともグローバルに広く法人・支店を有しており，株式・資産の買収・売却の経験あり

　売り手C社が，事業 c を新設法人に移管し，株式売却を行った。事業 c はグローバルに展開しており，数十か国にわたって数千人規模の従業員を擁する大規模なものである。ここでは，売り手と買い手ともにグローバル企業で，業種，規模等ほぼ同等の企業同士でのM&A交渉となった。

　なお，売り手は人事組織のグローバル化が進んでおり，本社から，各国現地法人における人事制度やベネフィットが相当程度に可視化できていた。

② 時系列での発生事象

　本件におけるLOIからサイニングまでの流れは，**図 1 −10**のとおりである。c 事業はC社の祖業ではあるものの，ここ数年にわたって業績が低迷しており，株主からの売却のプレッシャーが高まっていた。

　もっとも，業績が低迷しているとはいえ，低収益ではなく，C社が定めている主力事業のKPIの要件を満たしていないことが問題視されており，同業内で見れば，依然として競争力の高い事業であった。しかし，継続的な投資や雇用が必要であり，デジタルやESGなどの重要なトレンドに適応するには，異業種とのコラボレーションによる新領域への進出が必要になるといった課題も山積みであった。事業の規模に鑑み，売却先候補は限定され，数社に声を掛けたのちにD社と売却交渉を開始した。また，売却価格の調整やExitの代替案として，IPOやオークションの検討にも同時に入った。

　過去にいくつもの売却・買収経験のあったC社は，c 事業の売却に際しても入念な準備を行った。特に，本件ではC社の過去最大級規模の売却であり，加えてカーブアウト・事業売却であることから，子会社の財務諸表や現況資料を取り寄せるだけでは足りず，カーブアウト後を想定した財務諸表や関連資料を作成する必要があった。

　売却のスキームは，当初より対象事業を子会社化したうえで売却する方針であった。そこで，C社はまずスタンドアロンイシューを見据えたうえで自社内のデューデリジェンス（Seller's DD）を行った。

　C社では，以前からグローバルHRプラットフォーム（第 4 章参照）を整備

図1－10　事例(2)　LOI締結～DAサイニングまで

タイムライン	発生事象
1月～	**相対での売却プロセスのスタート** • c事業の業績が低迷しており，株主からのプレッシャーもありC社は売却を検討しはじめる • 事業規模に鑑み，c事業の売却候補をC社から数社打診し，D社にも声を掛けた。IPOやオークションの準備も並行して開始 • D社より正式に買収検討に関する申し入れがあり，LOIを締結，売却プロセスをスタートした
～12月	**デューデリジェンス～DA最終交渉の実施** • 事前に十分な準備を行ってきたC社は，法務・財務・IT・人事・環境に関する情報を収集し，デューデリジェンスの段階でD社に開示 • 各国に対する相当なガバナンスと相応な準備期間があり，人事関連の情報はかなり整理できた。一方，対象国が多いため，従業員数が多い10か国に情報開示を絞り，その他の国の情報は丸めた形で開示 • 世界主要国における従業員債務や年金債務の取扱いについては，金額が大きいために買い手との間で相当激しい交渉となった。全体の交渉判断で，売り手不利ではあるが合理的なパッケージで合意
～翌年3月	**売買契約の締結** • 買い手からのプレッシャーがあり，従業員債務・年金債務について，合意内容を詳細に記載 • 売り手による法人設立やリテンションについても記載。原則として，クロージングまでの期間のコストは売り手負担，クロージング以降のコストは買い手負担とし，併せて両者の役割責任を明確化

し，従業員保険にはグローバルブローカーを，退職金年金制度にはグローバルアクチュアリーを登用していた。このため，各国のHRを経由せずとも，福利厚生制度や退職金年金制度の情報を得ることができた。重要な売却案件であるからこそ，詳細な情報収集・分析が求められる一方，売却検討を知る従業員を

限定する必要があるため，この点は大きなアドバンテージとなった。

　また，Seller's DDの調査内容は，Vendor DD Reportとしては開示しなかったが，内容を選んで加工し，DDプロセスで買い手に開示した。これによって，工数の大きな削減を図ることができた。

　一方で，対象国が多かったため，DDでの情報開示は従業員の多い主要10か国に絞り込んで実施した。情報開示の対象を絞り込むことは，売り手・買い手双方の工数を削減する。また，本件では，カーブアウトを売り手が行うこととしていたため，絞り込んだ情報開示は十分正当化できるものであった。

　C社は上場企業でもあり，開示した人事関連情報が大きな問題となることは予想していなかった。しかし，退職金年金債務については，買い手との間で大きな論点となった。

　従前から，世界的な潮流として，債務性のある確定給付型（DB）年金制度から債務性のない確定拠出型（DC）年金制度への移行が進んでおり，本件の売り手，買い手も同様の取り組みを進めてきた。売り手は，企業の歴史が長く，膨れ上がった退職金債務の圧縮が経営課題であったので，本件を好機とみて，退職済みの従業員を含めて過去に対象事業に携わっていたすべての従業員の債務を事業とともに売却する考えであったが，同様の悩みを抱える買い手は受け入れることができず，激しい交渉となった。

　最終的には，合理的な落としどころとして，現役従業員の法定制度に絞り込んだ債務の承継で合意した。

　合意した後も，売り手としては，特に退職金年金債務の取扱いの記載をある程度曖昧にして，あとから巻き返す余地を残したかった。しかし，警戒した買い手から厳しいプレッシャーを受け，口頭での合意事項を詳細に契約文言に落とし込み，法的拘束力を持たせることとなった。

　契約で合意事項を残すことは，売り手・買い手間のこれまでの議論や交渉を確定する最終作業となるので，どちらの側であっても，心しなければならない。

　その他，人事に限らず，売買契約書の全般的な思想は一貫して「クロージングまでのコストは売り手負担，クロージング以降のコストは買い手負担」であ

り，クロージングまでの役割分担もその分明確になった。

DAサイニングからクロージングまでの流れは**図1－11**のとおりである。

図1－11　事例(2)　DAサイニング〜クロージングまで

タイムライン	発生事象
翌年4月	**グローバルでのカーブアウト体制を構築** • 売り手のHR組織は，各国にHRBP，リージョンおよびグローバルにCoEを配置する体制であったため，カーブアウトに必要なHR組織体制は，サイニング後まもなく構築完了
翌年10月	**ベネフィット（従業員保険）の複製** • 従業員ベネフィットに関しては，売り手のグローバルブローカーを通じて可視化が進んでいたため，スムーズに複製が完了し，大きな騒動なく主要国従業員の合意を取得
翌年11月	**DB年金のDC転換における問題解決** • 一部の拠点で，DB年金からDC年金への転換について，組合との議論が紛糾。数か月にわたり事態が膠着したが，最終的に会社拠出分を積み増す等の補填策によって合意
翌年12月	**COVID-19による転籍オファーの遅延** • 一部の国ではCOVID-19により，都市部がロックダウンとなったため，従業員転籍に必要な規制当局への届け出や，外国人労働者のビザ申請が困難となった。このため，一部の転籍を完了できず，一定期間，対象拠点以外の売り手拠点に転籍させることや本国に戻すこと等で対応
翌々年3月	**TSAのフル活用，局所的なクロージング遅延を伴いつつ，グローバルクロージング** • 主要国におけるクロージング条件が満たされればクローズする契約であったため，予定どおりクロージングした。制度の複製や従業員の転籍が完了していない国では，TSAや買収契約上許容されているクロージング遅延をフル活用し，グローバルクロージング後も移管作業を継続

サイニングからほどなくして，売り手は対象事業の新設法人への移管にあたってのカーブアウトの準備を始めることとなる。売り手の人事組織は相当に

ガバナンスが効いており，各国にHRBP[14]，各リージョン・グローバルにCoE[15]を置いていた。これらの各担当者が，そのまま事業のカーブアウトの担当者となり，各国におけるスタンドアロンイシューへの対応や従業員転籍を進め，レポートラインどおりに報告する体制ができ上がった。

続いて，年金以外のベネフィット制度（主に従業員保険）については，現行どおりのものを新子会社に複製する際，グローバルブローカーの体制をそのまま新設法人へ複製し，制度もブローカーに依頼して複製した。これによって，C社本社側の作業工数は相当削減できた。

その結果，転籍する従業員からは大きな不安の声もなく，円滑に新設法人への移籍が進んだ。

一方，いくつかの国では退職金年金制度が問題となった。前述のとおり，売り手は買い手と法定の退職金年金債務以外は承継しないことで合意しており，その点は従業員とも合意する必要があった。しかし，一部の組合が強い国では反発を生み，議論が進まずに転籍やクロージングの期限が迫った。このため，一部の年金制度を買い手が承継するよう再度交渉したり，売り手が用意する代替制度（DC）の会社拠出分を積み増すなどの対策をとり，従業員側と何とか期限内に合意することが可能となった。

過去に何度も事業売却を経験してきた売り手が，外部要因以外で本件において最も苦労したのは，この退職金年金の取扱いに関する従業員との交渉だっただろう。買い手との交渉の結果を受けて起こったことであるため，避けるのが難しいようにも思われるが，平時の事業運営にまで立ち戻れば，避ける手立てはあったと考えられ，その点については後述する。

従業員との合意が済んだあと，本件のクロージングはCOVID-19の世界的流行の影響を大きく受ける。中東や欧州でロックダウンが発生したため，大使館

---

14 HR Business Partner：ビジネス側を支援し，HRに関する意思決定や制度運用をサポートするとともに，HR機能からビジネスに対するガバナンスを効かせる役割
15 Center of Expertise（Excellence）：グローバルまたはリージョンレベルで知見を集約し，全社的な観点から人事制度の企画・設計を行う役割

やその他政府系機関の窓口が閉鎖となり，ビザの発行や各国における新法人設立に必要な書類手続きが進まなくなる事態が発生した。

　ビザが出ないままクロージングを迎えてしまう従業員については，一時的に帰国する，売り手に一時的に残る，TSAによって業務を続ける等，売り手が柔軟に対応し，従業員の離散防止に努めた。また，DA上，主要国がクロージングの要件を満たせばディール自体が完了となり，規模の小さな拠点のクロージングは，ディール全体のクロージングより遅れることが許容されていたことも奏功し，世界的な困難の中で無事クロージングを迎えた。大規模なディールにおいて小国のクロージング遅延を許容することは珍しいことではないが，不確実性の増す世界を象徴するかのような案件となった。

③　本事例からの教訓と解説

　この事例においては，(1)の事例と比べて，人的な要因によって大きな問題は生じなかったといえる。売り手，買い手双方とも十分な準備を行ったうえで交渉を行っており，かつ，DAやTSAに，締結時点で曖昧な点を極力残さなかった点が特筆される。これにより，サイニング前の議論を蒸し返さずにクロージングの作業に専念できたことが，あらゆる困難があったうえでも，限られた期間内でクロージングを可能にした大きな要因と考えられる。

　改めて，売り手が大きな問題を抱えることなくクロージングを迎えられた要因を，以下に改めて整理する。なお，退職金年金債務への対応のみ，クロージング後，売り手として対応に追われた点があったので，その点は課題点として残しておきたい。

(i)　デューデリジェンスの十分な実施と結果を踏まえた事前準備

　売り手は，先進的な人事組織体制をグローバルに敷き，グローバルブローカーやグローバルアクチュアリーを活用することで，相当程度，年金制度を含めた従業員ベネフィットの可視化を進めていた。このため，各国の人事にアクセスせずとも情報は引き出しやすく，買い手への情報開示や，カーブアウト時

の制度の複製がしやすくなった。また，情報収集がしやすい分，情報開示のタイミングや開示戦略を十分検討することができ，必要のない質疑応答を含めた工数やコストを抑えた。

⑪　カーブアウトに必要な十分なリソース

　人事の観点から事業のカーブアウトにおいて重要なことは，従業員の処遇条件に関する情報（第3章参照）とともに，各国でカーブアウトに携わるリソースの確保である。プロジェクトメンバーが，各国において，従業員に関する情報を収集し，移籍のプランを立案・実行・報告しつつ，目標期日に向かって有機的に動く必要がある。

　この点，売り手企業は，ガバナンスが十分に効いた人事組織を有しており，各国においてリーダーシップや専門性をもってカーブアウトに当たることができた。

⑫　TSAやDAによる十分なバックアップ体制

　売り手C社は十分な情報と十分なリソースを保有していたが，それでも思いがけずカーブアウトがうまく進まない面があった。そのようなときに行き詰まらないようにTSAやDAを十分活用したことが，期限内に案件をクローズできた大事なポイントであると考えられる。いずれも合意事項は文章化されているものの，責任の拠り所がどこにあり，あるいはクロージングに関する柔軟性についても明文化されていたため，双方が迷ったときに，時間を無駄にすることなく優先順位をつけて作業に集中できることを可能とした。

⑬　年金バイアウト時の誤算

　ここまでは売り手が自社の事業に関する情報開示やカーブアウトを円滑に行うにあたって留意した点を挙げてきたが，最後に売り手の数少ないミスについて述べたい。

　前述のとおり，売り手は保有する確定給付型退職年金に係る多額の退職金年

金債務を負担しており，それを対象事業とともに買い手に売却しようと目論んだが，交渉の結果，自社で多くの債務を保有し続けることとなった。

　一見，売却前のポジションが維持されたかに思えるが，問題となったのはこの後である。売り手は本業とは無関係な財務リスクである退職金年金債務を，対象事業の売却後も何とかオフバランスできないかと検討した結果，やはり各国の年金制度をバイアウト（年金資産・債務を第三者に売却するスキーム）することとした。

　この際，年金制度の引受先となる保険会社等はリスクを抱えることになるので，バイアウト・プレミアム（手数料）を加えた金額で引き受ける。つまり，手元に年金債務が残ったことで，オフバランスする際にさらに売却コストがかかってしまったのである（**図1－12**）。

　理想的にC社が取るべきだった方策は，売却を検討する前から年金バイアウトを進め，対象事業を売りやすい状況を作っておくことである（第4章参照）。その場合でも同じバイアウト・プレミアムを負担することになるのではないか，という議論もあるが，計画的にバイアウトすることで予定外の債務を負う事態は避けられたはずである。

　年金バイアウトのような，一種の財務リストラは，不確実性を擁するディー

図1－12　事例⑵　年金債務の整理

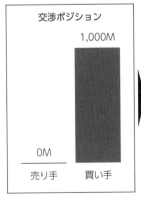
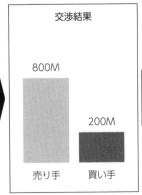
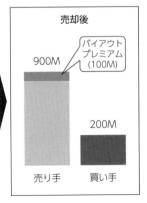

交渉ポジション
1,000M
0M
売り手　買い手

交渉結果
800M
200M
売り手　買い手

売却後
バイアウトプレミアム（100M）
900M
200M
売り手　買い手

ルの交渉に依存して画策するべきではなく，平時の事業活動の中でリスクコン
トロールするべきではなかっただろうか。特に，年金バイアウトのように市況
によって価格が変動するような取引には歴とした「売り時」が存在し，ディー
ルの最中に性急に決断を下してしまうのは得策とはいえない。

第2章

カーブアウト・事業売却の
HRDD実務

　本章では，カーブアウト・事業売却のHRDD実務について，売り手の視点で
説明する。本章に限らず，売却の成功に一貫した重要なポイントは，先読みと
準備である。

　HRDDには2つある。1つはディールの準備段階で売り手が自ら行うHRDD
で，「Seller's DD」と呼ばれているもの，もう1つは売り手と買い手の予備交
渉が進んでディールに入り，買い手が行うHRDDである。

　さらに，ディールの合意促進のため，今日，極めて一般的に利用されるよう
になっている表明保証保険についても，本章で説明する。

1 ディールの準備段階で売り手が自ら行うHRDD（Seller's DD)

本節では，以下の観点から，Seller's DDについて説明する。

(1)　Seller's DDの目的

(2)　DAから逆算したSeller's DDの論点抽出

(3)　重要な自社従業員への対応方針検討

(4)　TSAの着地方針検討

(5)　LOI/MOUドラフトへの反映事項の検討

(6)　売り手側の執行体制の検討

(1)　Seller's DDの目的

　これから自分の事業を売却するのであるから，自分が何を売ろうとしているのかをよく知り，「高く」，「遅滞なく」，「手離れ良く」売却するには買い手に対してどう出るのがよいのか作戦を練るのがSeller's DDの目的である。**図2－1**の右側に，3つのポイントを掲げた。

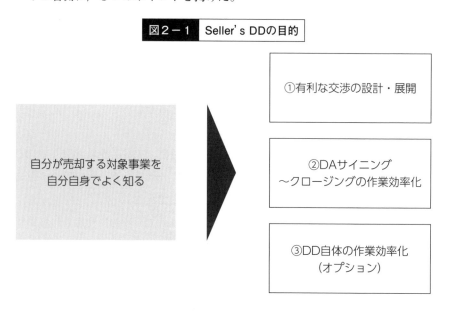

図2－1　Seller's DDの目的

①　有利な交渉の設計・展開

　こちらを利する情報は，もちろん効果的に出す。一方，こちらを不利にする情報／相手を利する情報は，出さずに済むものなら出さなければよい。しかし，重要なものについては買い手が情報開示請求をしてくるので，これに対して売り手が「情報を開示しない」，「開示した情報が誤っている」，「真実でないことを回答する（嘘をつく）」といった挙に出れば，あとで買い手が損害を被った場合には，その損害を補償することになる可能性が高まる。また，補償によって売り手の取った行為が明らかになり，企業あるいは売り手としての評判

（Reputation）を落としてしまう可能性があるので得策でない。

　実際には，売り手が，効果のあるきわどい対応を取ることが散見される。あるはずの情報をすぐ出さないことから始まって，最終的に出すときも，わざわざ手間をかけて，構造や詳細をわかりにくく編集したもの（しかし買い手から情報開示がされていないに等しい，とクレームを受けないギリギリのもの）を出し，買い手の誤解，わざと小さく書いた重要事項の見落とし，あるいは半分諦めの入った了解を誘う。それも，DD終了の間際に開示して，平均的な力のある買い手なら十分レビューできるはず，とプレッシャーをかけるくらいは，通常のことである。

　具体的には，対象従業員のプロファイル，従業員関係の債務（年金，ベネフィットなど）やコンプライアンス違反等，売却範囲・売却価格・売却条件に影響を与える論点が重要である。

　買い手は，DDプロセスで情報を得るし，情報がないところは市場慣行などある程度客観性のあるものを踏まえて交渉してくる。このため，売り手は必ずSeller's DDを実施して，売り手が先手をとって提示する売却条件，開示する情報の範囲・開示の方法，想定される買い手の主張に対する反証などについて，ディールが始まる前から十分な作戦を立てる。先読みと準備に勝るものはない。

②　DAサイニング～クロージングの作業効率化

　カーブアウトの場合には，スタンドアロンイシューの手当が間に合わないことを主な理由として，売却が遅延するケースが散見される。つまり，当初日程でのクロージングを断念し，延期するケースである。また，スタンドアロンイシューの手当完了自体はクロージング条件ではない場合，あちこちに問題（Disruption）が残っていても期日にクロージングすることはできるのだが，PMI[1]に悪い影響が出る可能性が残る。

　カーブアウトのような大きな作業を，期待品質を守って期日に完了するには，

1　Post Merger Integration：クロージング後の事業・組織・経営の統合に向けた一連の活動

合理的な計画立案と必要リソースの確保が必須である。Seller's DDの実施は，この第一歩である。

　このとき，Seller's DDの眼目は，まずスタンドアロンイシューの特定，次いで解決方法の検討，さらにTSAが可能かどうかの検討である。売り手が，買い手に先行して準備するならば，買い手が買い手の考えとして，スタンドアロンイシューの手当について，効率良く，タイムリーに合理的な結論に至るよう，うまく助けられるようになる。例えば，買い手の経験値を推し量り，最初から，想定されるカーブアウトの難度について幾度となくコミュニケーションを取って，買い手が来たる時に，速やかに十分な検討・推進体制を敷けるように導くことも，Seller's DDを実施すれば可能になる。

　また，第1章2で紹介したとおり，売り手が対象事業のカーブアウト作業／スタンドアロンイシューの手当を終えてから株式売却するパターンもある。この場合でも，Seller's DDによって，自分の行うカーブアウト作業が合理的になり，大いにはかどるのである。

③　DD自体の作業効率化（オプション）

　Seller's DDの内容をVendor DD Reportに体裁よくまとめ，それのみを情報開示し，Q&Aもそれに関するものだけ受け付ける，というのが，この方式の最右翼である。もちろん，対象事業の魅力度や，買い手間の競争状況などをみて，どこまで強気でいくのが適切かを考えるべきである。

　この方法でいく場合は，売り手はもちろん，買い手もDDの工数が削減される。レビューすべき情報が限定されるからである。

　もっとも，買い手が開示情報の質量に満足しなければ，DA合意にたどり着けない。また，①に記載したとおり，情報開示を渋り，あとで補償の対象となる事項が増えると，それはそれで不都合な場合もあると考えられる。このため，複数の買い手をオークションで競わせるプロセスは，Vendor DD Report主体で乗り切り，一社に絞った後に，短期のConfirmatory DD[2]を実施してDA合意に至る方法も考えられる。

　以上の理解を踏まえ，Seller's DDの位置づけの重要性を示したのが，**図2
－2**である。

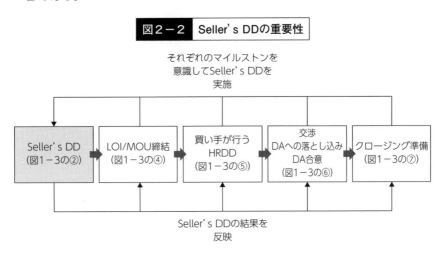

図2－2　Seller's DDの重要性

それぞれのマイルストンを
意識してSeller's DDを
実施

| Seller's DD
(図1-3の②) | LOI/MOU締結
(図1-3の④) | 買い手が行う
HRDD
(図1-3の⑤) | 交渉
DAへの落とし込み
DA合意
(図1-3の⑥) | クロージング準備
(図1-3の⑦) |

Seller's DDの結果を
反映

(2)　DAから逆算したSeller's DDの論点抽出

　Seller's DDの実施に始まるさまざまな検討と，買い手との交渉の結果は，
最終的にDAに落とし込まなければならない。このため，DAドラフトに自社
の考えが適切に反映されているか，十分注意してレビューし，コメントを法務
チームに連携する。いくら交渉して合意したとしても，DAに記載され，調印
されないことには，なかったことにされてしまう（できる）のである。なお，
文言修正の必要性判断や，代替文言の作成は，法務アドバイザーの役割である。
　DAおよび関連文書は，売り手がドラフトするのが通例であり，最初のドラ
フトに具体的にどうしたいのかを記載して，そこから買い手と交渉する。
　特にカーブアウトの場合，売り手としては，Seller's DDの結果を踏まえ，
DAにはっきり書いて後日の話し合いを完全に拒否したいことも，DA締結時
にはできるだけ柔軟・曖昧にしておいて，あとで適当に始末をつけられるよう

2　確認DD，詳細DDとも呼ばれる。具体的な目的に応じて実施する精度を上げたDD。

図2-3　DAから逆算したSeller's DDの論点
①　従業員の取扱い（Employee matters）
②　表明および保証（Representation and warranty）
③　誓約事項（Restricted covenants）
④　補償条項（Indemnity）
⑤　定義（Definitions）

にしておきたいこともある。買い手の立場は，通常その逆になる。

　以下に，特に最初のDAドラフト，最終のDA文言において注意が必要な5つのポイントについて，順に説明する。繰り返しになるが，Seller's DDは，この長くて重要なプロセスの起点である。

①　従業員の取扱い（Employee matters）

　DAの構成に決まったものがあるわけではないが，従業員の取扱いについては，Employee mattersとして，1か所にまとめることが多い。

　国，従業員の区分，対象制度などによって，異なる扱いで合意するときは，DAの記載も，それに応じた場合分けで行われる。

（ⅰ）　従業員の移管・処遇

　移管される従業員の範囲[3]，移管方法・プロセス，新処遇条件の考え方・同等性の定義，雇用と処遇の保障期間，売り手と買い手の役割分担，スケジュールなど。

3　対象事業に現在関わっている現役従業員か，関与比率は何％以上か，のほか，傷病等による休職中（In-active）の場合はどうするか，といった点が論点となることがある。

なお，上記の同等性の定義については，売り手としては厳格に同等と定めて，移っていく従業員に良い顔をしたいところであるが，買い手としては，スタンドアロンイシューの手当の難度が上がってしまうので，市場慣行に準じた妥当なところで合意する必要がある。

具体的には，処遇条件の同等性が個々の制度での同等性をいうのか，全体として（in the aggregate）の同等で足りるのか，という点と，同等性を保つ中に，複製が極めて困難なDB年金を含むのか／除外するのか，という点が特に問題である。また，株式報酬も，買い手側にすぐに使えるプラットフォームがあればまだよいが，そうでなければ複製は極めて困難である。

(ii) 従業員債務（DB年金債務以外：ベネフィット，休暇，ボーナスなど）

移管される債務の範囲，移管の場合の価格調整の方法，調整スケジュールなど。

(iii) DB年金債務

移管される債務の範囲，移管の場合の価格調整の方法，調整スケジュールなど。

ちなみに，ある巨大カーブアウト案件のDB年金債務の取扱いについては，金額が巨額なだけに，移管対象と価格調整の方法について，売り手と買い手の激しい応酬となった。

最終決着した内容は，DAに記載して初めて合意事項となる。本件では，国の数が多く，DB制度もたくさんあったため，本件DAの当該部分は，両側の関係者の誰もが過去に見たことのないページ数となった。

② 表明および保証（Representation and warranty）

表明および保証は，契約の当事者が，相手方に対し，特定の時点において一定の事実が真実かつ正確であることを表明し，保証するものである。実務ではまとめて，表明保証と呼ばれることが多い。表明保証事項が，後にそのとおり

でないとわかった場合，相手方は訴えを起こして補償を求めることができる[4]。

　大きく表明保証には，売り手自身に関する事項，対象事業に関する事項，買い手自身に関する事項がある。このうち本書に関連するのは，対象事業に関する事項である。

　DDにおいて売り手が対象事業に関するすべての情報を開示し，買い手がこれをすべて精査して交渉・DA合意しようというのは，期間・労力などから到底現実的ではない。そこで，売り手が対象事業に関して表明保証を行い，買い手に後日補償を受ける道を開くならば，合理的な範囲のDDで買い手がDA合意に至りやすくなる，といわれている。人事関連の表明保証の項目の例を，**図2－4**に掲げた。

図2－4　売り手が行う表明保証の例（人事関連）

Data Roomの開示情報が完全かつ精緻であることの表明	違反や追加的な労働債務がない旨の保証（別途の情報開示事項や誓約・合意事項を除く）
• 主要な従業員の雇用契約書 • 従業員の標準的な雇用条件 • 従業員のインセンティブプラン • 従業員の主要なベネフィットプラン • 従業員の退職給付・年金プラン • 従業員のベネフィット・退職給付・年金への拠出状況 • 従業員のセベランス • 従業員代表組織との合意事項 • CiC[5]に関する合意 • 報酬が年間＄○○を超える契約社員との契約書　　など	• 開示された雇用条件による雇用が行われていること • 開示情報以外の制度，債務・偶発性債務，義務がないこと • 従業員代表組織や従業員と報酬の増加に関する合意をしていないこと • 未払いの賃金や社会保障制度掛金がないこと • 主要な従業員の退職が予定されていないこと • 各国・各法域において重大な法令違反がないこと • 従業員代表組織や従業員との間において訴訟がないこと　　など

4　表明保証保険の果たす機能については，本章3「表明保証保険の活用」を参照。

5　Change in Control：支配権の変更。支配権の変更があったときの取り決めをしておくことが多い。人事の文脈では，株式関連報酬の清算方法，離職した場合の離職手当の取扱いなどがある

　もっとも，売り手は買い手とDA合意したいけれども，後日の責任を負う範囲はできるだけ限定したい。そこで，元々の表明保証の範囲を狭くしてDA合意をしようとする。逆に，買い手の視点からは，売り手と交渉して，できるだけ表明保証を広く確保することがリスクの担保になる。

　転じて，買い手にとって有意義な情報は，売り手にとっても売却を促進する意味で有意義な情報で，積極的に開示する意義があると考えられる。しかし，中には表明保証になじまないものもある。

　例えば，対象事業の人材の特徴，優秀性，チームとしてのすばらしさなどは，資格別の人数や経験年数のような，外形的なハードデータ以上のソフトな情報[6]を買い手にしっかりアピールし，できれば高い売却価格を正当化する材料と受け止めてほしいところである。人材が大きな価値を生む以上，このようなソフト情報の開示には売り手・買い手ともにニーズがあり，今後の発展の余地は大きい。

　一方で，こうしたソフトな情報は一定程度主観的であったり，買い手による買収後の新組織となじまない場合があるため，表明保証の対象としづらい面がある。遠からず，手法の進展によってこのようなソフトデータが手触り感のある実体的なデータとして整備され，表明保証になじむようになってくることが期待される。

③　誓約事項（Restricted covenants）

　クロージング後の人事関連事項の個別の取扱いについては，DAの誓約条項として合意することが一般的である。前述したEmployee mattersの条項が設けられ，買収後の処遇維持期間（Comparability Period），人事関連債務・人事関連事項の取扱い，転籍対象従業員に対する転籍オファーの提示期限等が，買い手または売り手の義務，あるいは禁止事項として記載される。

　売り手が最初のドラフトを行い，買い手と交渉して決着するプロセスを取る

6　従業員のスキルサマリー，アセスメント結果，カルチャーサーベイ結果等。

ので，最初のドラフトにおいて，売り手が進んで自分の手足を縛る必要はない。しかし，あまりに何も書かないと，買い手から大幅なマークアップを受け，買い手がドラフトしたのに近くなってしまう可能性もあるので注意する。

　以下は，売り手・買い手，双方の視点からの留意点である。

(i)　売り手が従業員の処遇条件変更を行う場合の制約

　かつては，クロージングまでの間に，大幅な賃上げや，経営者のセベランスの改訂など，買い手の不利益になることを売り手が勝手に行わないようにする趣旨が強かったと思われる。

　これに加えて，昨今の大型カーブアウト・売却では，売り手がカーブアウトを完了してから株式売却する（第1章2(2)「対象事業を移管した新設法人の株式売却」を参照）ことが主流になってきており，買い手からすると，あまりに売り手が好き放題に／やりやすいように新処遇条件を設定したのでは困る，という文脈が出てきている。

　もちろん，現行からまったく変えられない，と厳格に定めるのでは，売り手が作業に窮してしまう（第3章1(1)①「同等性の基本的な考え方」を参照）ので，非現実的である。

(ii)　従業員の引き抜き禁止

　対象事業にいる優秀な従業員を，クロージング前に売り手が本社にポジションを用意するなどして，引き抜いてしまうことを禁止し，買い手を保護するものである。売り手から進んで入れる性質のものではなく，もし入っていなければ活用する余地がある。

　もちろん，DAサイニング後になって，いまさら1人でもそのようなことをすれば，買い手との間で大問題になる。しかし，可能は可能なので実行してしまって，買い手との関係は別途何とかする，という道はある。逆に，買い手としては，必ず入れる。

　余談になるが，実際に引き抜きが起きることはあるが，売り手に必要があっ

て引き抜いたのか，本人から売り手にねじ込みがあり，事情があって売り手が断れなかったのか（制約事項で禁止されていれば，断るしかない），本当のところはわからないものである。

(iii) 重要従業員の本人の責めに帰さない解雇の禁止

このような行為を売り手に勝手にされたのでは，買収後の買い手の算段が狂ってしまう。しかし，解雇しておいて，売り手本社や別の事業でこっそり雇う道を防ぐ趣旨が，本筋かもしれない。買い手としては，必ず入れる。

(iv) 一定額以上の高額報酬従業員の雇用の制限

買収後には，買い手に上級ポジション人事について考えがあるのが普通で，クロージング前に売り手に勝手に人選され，雇用されてしまうのは困る。また，クロージング前に，売り手の本社や別部門から，なにか理屈をつけられて高額の人材を押し込まれるのも，困る。

ただし，買い手にとってありがたい場合もあるので，完全禁止ではなく，合意すれば可能，という定めにしておくのが通常である。

(v) 競業避止

HRに限ったことではないが，対象事業の売却後，数年間は競合事業を行わない等制約されることが一般的である。競合事業をどう定義するかについて議論となることがある。通常入っている項目ではあり，売り手としては売却する事業を喫緊に再開する意思は通常ないので自ら記入していることも一般的であるが，買い手としては確保しておきたい誓約事項である。

④ 補償条項（Indemnity）

クロージング後に起きた事象や判明した事象について，売り手が補償する範囲や，補償金額の足切り額・限度額などを取り決める[7]。

⑤ 定義（Definitions）

　国数・拠点数・人数規模からみて大型のカーブアウトでは，ほぼ例外なく，DA全体の定義，つまり今回のカーブアウト・売却に含まれるのか／含まれないのかという線引きと，含まれるものの分類・場合分けが大変複雑になる。これに伴い，従業員や従業員関連債務についても，DAの定義は同様に複雑になる。

　人事関連の定義の一例を，**図2－5**に掲げた。これに沿って，本件売却に何が含まれるのか，売り手と買い手のどちらの責任なのか，どのように取り扱うのか，などが協議され，決められていく。あるいは，協議結果を正しくDAに反映できるように，定義を定める。そして，定義に加えて，DA別表（スケジュールなどと呼ばれる）に制度名，契約書，事項などを列挙し，同意内容の明確化を図る。いったんDA合意すれば，疑義のあるときにDAが立ち戻る基準点となる。

図2－5　DAにおける定義（Definition）の例

用語（例）	意味（例）
Business Employees	対象従業員の全体
Transferred Employees	自動転籍対象の従業員およびオファーに同意して転籍する従業員
TUPE Employees	TUPE[8] の対象となる転籍従業員
Offer Employees	個別の転籍合意が必要となる従業員
Active Employees	勤務実態のある現役従業員
Inactive Employees	障害，産休またはその他の事由で休職中の従業員
Parent Employee Plan	売却に伴う承継対象ではない福利厚生等の制度
Business Employee Plan	売却に伴う承継対象の福利厚生等の制度

7　表明保証保険の果たす機能については，本章3「表明保証保険の活用」を参照。

8　Transfer of Undertakings（Protection of Employment）：欧州における事業譲渡時の従業員の雇用を保護する法規制

　ところが，人事関連に限らず，このような場合分けは互いに議論しながら接ぎ穂のように進む面があり，どうしても複雑になる。これに時間的制約も加わるため，実際にはよほど注意していてもうまく整理できていないところ（抜け漏れ，重複，曖昧，未定）が生じかねない。

　うまく整理できていないところのあるDAを合意した場合，当該部分については実態的な合意がないわけであるから，改めて交渉して決めるよりほかない。すぐに合意できるかもしれないが，仕切り直しなので力関係も変わり，改めて時間がかかることも考えられる。

　以上，ここまで，最終的な落としどころであるDAの重要事項について説明してきた。Seller's DDでは，これらを着眼点として，潜在的な問題の洗い出し，具体的な交渉ポイントの明確化，そして重要性の決定（交渉次第で相手に譲れるのか，それとも基本的に譲れないNon-negotiablesなのか）を行う。このような具体的な着眼と努力が，売り手の準備レベルを上げるのに不可欠である。

(3)　重要な自社従業員への対応方針検討

　重要な自社従業員への対応方針に見当を付けることも，Seller's DDを行うにあたっての重要な論点である。一部は前項(2)でも触れたが，重要性に鑑み，本項で包括的に説明する。

①　対象事業の経営者

　売却主体は売り手本社であって，対象事業の経営者が売却するわけではない。しかし，一般的に，事業を深く知り，実際に経営している対象事業の経営者には，特に事業を高く売却するところと，DA合意後，少なくともクロージングまでの期間，事業と従業員に問題（Disruption）が生じないように買い手と協力して手当し，かつ業績確保を含む経営責任を全うするところについて，全面的な協力を得たいところである。

したがって，当該経営者（特に事業トップ）の雇用契約，処遇条件その他，本人の状況を知り，本件カーブアウト・売却に（秘密保持契約を交わしたうえで）協力してもらうには，どのようなコミュニケーションとインセンティブが必要かについて考える材料をSeller's DDで集め，レビューする。

コミュニケーションのポイントは，本件カーブアウト・売却のプロセスにおける役割・期待が通常業務にプラスされることと，本人の雇用がどうなるのかを明確に伝えることにある。前者は，本社のカーブアウト・売却チームとの役割分担と，運営・連携方法（プロトコル）が中心となる。後者はより気を遣う内容となり，多くの場合，クロージング後は売り手内にポジションがない，ということを伝える必要がある。

このような状況であるため，本人に対しては，Seller's DDで情報を集め，魅力的な内容のインセンティブを用意し，依頼事項とセットで説明して，強く協力を要請する（口説く）しかない。

なお，ここでいうインセンティブとは，典型的には，売却のクロージング（完了）に伴って支払われる特別ボーナス（トランザクションボーナス）である。完了までは，ぜひ頑張ってほしいというメッセージとなる。トランザクションボーナスは，売却価格に連動して変動する制度を導入することもでき，対象事業の経営者により魅力的に事業を伝え，高く売却することへの協力を促す。

一方，クロージングから先については，買い手の領分である。しかし，本人のDB年金やLTIの有無・内容，そして今回のカーブアウト・売却に伴う取扱いがどう決まっているかは，売り手・本人・買い手のそれぞれにとって重要なポイントであり，Seller's DDでは注意する必要がある。

さらに，買い手が買いやすくするために，売り手が本人とあらかじめ交渉・合意して，買い手に望ましい取扱いに変えておくことも考えられる。

② 出 向 者

対象事業の経営者は，ディールのインサイダーであり，買い手からも一定程

度顔が見え，認識される。しかし，出向者の場合は，見えやすいポジションにはいないため，通常，買い手はあまり注意を払っていない。

　カーブアウト・売却後に出向者を受け入れるポジションが売り手にあれば，売り手としてあまり問題はない。しかし，帰任先がない場合は事業を売却した以上，出向者に戻ってこられても大変で，解雇する手間もあるため，事業とともに移ってもらうのが望ましい。

　このため，買い手に魅力的に映るように情報を出し，買い手からオファーを引き出すことを試みる価値がある。稀に対象事業の経営者が本社からの出向者で，売却後に帰任してしまう例があり，こうした場合は買い手から出向者の移籍を打診されることもある。

　Seller's DDでは，出向者の把握と，個別状況の理解が必要になる。

③　その他の重要従業員

(i)　過去に対象事業に従事した従業員

　買い手に売却対象事業の価値を高く理解させ，あるいは円滑にクロージングを迎えるために，過去に対象事業に従事していた従業員をディールに関与させることがある。

　すでに本人がディールのインサイダーである場合には，前述のトランザクションボーナスの検討が基本になる。トランザクションボーナスは，クロージングまでのリテンション効果も持つので，本人と合意すれば，当面辞めにくい状態が作れる。

(ii)　対象事業外の従業員（転籍候補者）

　これは，対象事業の空きポジションがある場合，対象事業に移ってこれを埋める従業員のことである。

　今回のカーブアウト・売却に伴い，売り手の事業全体が，対象各国で縮小する。このため，売り手の本社部門や管理部門の従業員に余剰感が生まれ，売り手としては，一部従業員については事業とともに移ってほしいと考える，とい

うことである。

　買い手が必要と考えるかどうかはケース・バイ・ケースだが，Seller's DD でこのような自社ニーズを把握し，作戦を立てて，買い手にうまく働きかけなければ，良い方向に物事が動く可能性は低いままである。

　この場合の具体的な対応は，出向者と同様である。もし買い手が来てほしいと考えてくれれば，本人・売り手・買い手の三者がみなハッピーとなる。

⑷　TSAの着地方針検討

　TSAはカーブアウト・売却のDA合意とクロージングを促進する高い利便性をもつが，反面，売り手にとっては手離れが悪くなり，対価を得るとはいうものの，必ずしも歓迎できないものである（第1章1⑵「スタンドアロンイシューの取扱いと対策」を参照）。

　主要な項目は，従業員のベネフィット，ペイロール，そしてHRISである。契約書には，対象サービス項目，期間，費用を記載して，売り手と買い手で合意する。

　売り手としては，Seller's DDを実施して，対象各国・各拠点のスタンドアロンイシューの有無・内容を把握する。そして，具体的な買い手の経験値は未知数ではあるが，本件においてTSAに応じないのを原則とすることができるのか，どの国のどのサービス項目でTSAに応じる余地があるのか，また，その課金額と期間に条件があるのかなどを検討することが必要になる。

　買い手の事情でTSA期間が長期化すると，売り手は困るので，そもそもの課金水準を高くすることに加えて，TSAの早期終了を促し，あるいは長期化に対してペナルティ的に働く課金の仕組みを工夫する意義は大きい。

⑸　LOI/MOUドラフトへの反映事項の検討

　前述のとおり，カーブアウト・売却の成功には，LOI/MOUの果たす役割は重要である（第1章1⑶④「初期的な交渉」および第1章3⑴「DA締結前の留意点」を参照）。最終的にはDA合意がすべてとはいうものの，その前段で

合意されるLOI/MOUは，DA内容がそこから大きく変わってしまうことがないように，錨のような役割を果たす。

　本格的なDD合意の前であるから，買い手の持つ情報は大きく限られる。このことは，公開情報が限定的なカーブアウト・売却の対象事業に顕著である。経験ある買い手だとしても，この点はどうにもならないので，売り手としては，巧みに，あるいはダメ元で，LOI/MOUに大事なことを自社優位に押し込むチャンスである。買い手の経験値が限られる場合は，これがさらに有効に働くであろう。

　したがって，売り手が最大の成果を得るためには，Seller's DDを実施して，十分に準備することが肝要なのである。

　逆に，買い手としては，LOI/MOU締結前の段階で，経験あるアドバイザーの助言を求めることに大きな意味があるだろう。

　売り手として，LOI/MOUドラフトに盛り込む可能性が考えられる項目を，以下に例示する。ただし，あくまで案件ごとに，Seller's DDの結果を踏まえ，自社の初期的な交渉ポジションを踏まえて，項目と書き方（今後の交渉による決着の余地をどのくらい残すか）を検討する。なお，売り手にプラスに働くのでなければ，もちろんLOI/MOUドラフトで触れる必要はない。

---

① 　対象従業員の範囲：グローバルの全拠点・全員の受入れを求めるか

② 　従業員の取扱い：Comparabilityの内容・年数，雇用の保証年数

③ 　DB年金債務の取扱い：すべての国ですべての債務を承継する等，価格調整の考え方

④ 　TSAの基本的な考え方：受ける，受けない

⑤ 　経営者の取扱い：売り手からのリテンション要求，株式報酬の清算の取扱い

⑹ 売り手側の執行体制の検討

売り手側の執行体制をしっかり確保する必要性が高いのは，①国数・拠点数・人数規模からみて大型／複雑な案件，②これと一部重複するが，売り手がクロージング前にカーブアウトして株式売却する案件（事前分離）（第1章2 ⑵「対象事業を移管した新設法人の株式売却」を参照）である。

作業が複雑，あるいは作業工数が多い場合は，気合いだけでしっかりした検討はできない。執行体制の確保は成功の大前提であり，ここでもSeller's DDを実施し，実態を掌握することが起点となる。

なお，事前分離の場合，必ずしも特定の売却案件に紐づいておらず，会社の方針として，将来起こりうるさまざまなことに上手に備えるために，いま組織を分離する，というものもある。

そうであれば，組織再編時固有の秘密保持の必要性はあるが，M&A時の秘密保持の必要性まではないと思われるので，カーブアウトチームに動員できるメンバーの条件や，チーム運営や情報フローのプロトコルの厳格性を下げて，メンバーを増やし，取れる情報も増やして検討できる可能性がある。

2 ┃LOI/MOU締結後に買い手が行うHRDD

前節では，Seller's DDがいかに重要で，有用であるかについて，大きく6つの視点から説明した。売り手が十分なSeller's DDを実施し，発見事項を活用してLOI/MOUの合意までこぎつけたならば，理想的なDAでの合意に向けて，すでにかなり良い態勢ができているといえる。あとは，リスクをコントロールしながら，着実に買い手が満足できるようにDDを完了し，具体的内容でDAを最終化して合意する。

事業の状態が良いうちに売却するので，元々の売り手の交渉ポジションが強く，さらにSeller's DDを起点とする売却準備にかける時間もしっかり取れる。そして，LOI/MOU合意時に，詳細はともかく骨太のDAの姿をイメージして

いれば，DA合意時に，それがどこまで実現したのか，点数を付けるイメージ
となる。

　なお，これと比べると，売却の意思決定が後手に回り，準備も十分できない
うちに売却の交渉が始まってしまうならば，売り手の被る機会損失はあまりに
大きいことを何度でも強調したい。

　本節では，理想的な内容で買い手とDA合意に至るために，売り手が留意す
べきポイントについて説明する。

(1)　情報開示/Q&Aの内容とタイミング

　売り手としての効果的な情報開示については，すでに 1(1)① 「有利な交渉の
設計・展開」で説明したので，ここでは，その他の留意点について説明する。

　それは，情報漏洩リスクへの留意である。もとより買い手が売り手の考える
DA内容に合意するギリギリの情報を限定的に開示すればよく，それ以上を開
示したところで，DA合意内容に影響がなく，無駄な工数をかけただけに終わ
るか，または買い手を利してしまって，その分売り手が損をするか，あるいは
DA合意が成立せず，情報の取られ損になることが考えられる。

　特に最後のポイントは，売り手と買い手で秘密保持契約を交わしているとは
いえ，現実のリスクと捉えるべきである。対象事業と買い手は直接の競合か，
それに近い関係であってもおかしくない。

　情報は限定的に，手間をかけても丸めたりまとめたりして，しかもできるだ
け最後に，ギリギリに出すのが原則である。1(1)③ 「DD自体の作業効率化
（オプション）」で，オークション段階ではこの原則を厳格に運用し，最後の買
い手候補1社に絞ってから追加情報を開示してDA合意を目指す方法を説明し
たが，追加情報を開示するときも，この原則を変える必要はまったくない。

(2)　HRエキスパートインタビュー

　HRエキスパートインタビューは，DDプロセスの一環として，買い手の求め
に応じて売り手が提供するインタビューセッションである。VDRでの情報開

示と，フォローアップQ&Aを補うものと位置づけられる。書面やデータでの回答がない事項について，買い手が事前に質問を提出し，売り手が口頭で答えるものである。

　買い手としては，口頭ならば一般に答えやすいので，定性的にはなるが情報が得られやすい点や，VDRでの開示請求/Q&Aでは，やり取りがどうしても一問一答式になってしまうところを，会話によって関連づけて理解を深められる点を，インタビューセッションに期待している。

　もっとも，事前に質問を提出するわけであるから，VDRやQ&Aで情報請求・質問していない事項についても，買い手が質問してくる可能性はある。もちろん，答えるかどうかは売り手が判断する。

　インタビューの回答者（Interviewee）は，売り手のコーポレートHRや，対象事業のHRが想定されるが，情報開示の方針に沿って用意した内容を答えるのが目的であるから，それができる人物であればよい。

　このように，インタビューセッションは，売り手が買い手に対して便宜を図り，可能であれば好印象まで与えたい場ではあるが，基本的に売り手の情報開示の方針は堅持し，その範囲で対応するに尽きる。

(3)　DA交渉

　交渉事項は，人事関連事項以外にも当然ながらたくさんあるため，全体の優先順位づけと総合判断で交渉は進む。売り手のポリシー，あるいはSeller's DDでの発見事項を踏まえ，当初からNon-negotiablesとして売り手内で共有してきた事項については，交渉でもそのとおりに扱われることが期待されるが，改めて全体の中での最新の位置づけを確認して，交渉に臨む。

　DAドラフトは，売り手が作成している。これに，DDプロセスで開示した情報と合わせれば，買い手がDA交渉で主張しそうな論点は，相当程度イメージできる。そこから，売り手の意思を込めて交渉の準備をする。もちろん，全体の力関係から多少のゴリ押しが通ることも，その逆もある。

　また，DAの定義をうまく扱い，買い手があまり注意していないような（し

かし売り手にとっては少なからず重要な）事項を，合意事項の対象から外す，あるいは逆に含まれてしまうようにする，といった仕掛けを施すことが可能である。例えば，移管対象従業員の定義や，年金債務その他の従業員債務の定義である。

　もちろん，買い手の経験値が高いと，当然よく準備してくるので，そううまくはいかない。しかし，急にディールを始めてDA合意も急がせるなどすると，買い手は基本的領域の最低限のアドバイザーしかリテインせず，体制的に弱い状態のままディールに出てくることがある。

　一例を挙げると，従業員に関する債務の移管は一切行わず，したがって売却価格の調整もしない，と一見合理的にDAで合意していたところ，実際には，債務性のある制度（古くからの経営幹部が加入している特別なDB年金制度や，米国のOPEB[9]など）については，買い手は対象従業員の抵抗が強くて制度廃止ができず，結局，同等な制度を立ち上げて，事実上債務を承継せざるを得なかった。売り手はこれに対して，買い手の独自判断に意見はないし，DAどおり価格調整はしない，の一点張りで応じた。

　売り手は，そのような特殊なDA年金やOPEBについては，情報開示している。しかし，DAサイニングまでの買い手の体制が十分でなく，買い手はその情報の消化ができず，DAドラフトの仕掛けも読み切れなかったのである。

　なお，クロージングやTSAの期限がどんどん延びてしまう事態を抑止する仕組みを，売り手がDAドラフトに入れる余地がある。例えば，延期の発生に責任のあるほうが所定のペナルティを払う，という趣旨である。もちろん，合意可能な内容・表現をテクニカルに検討する。

　この主旨は，実際にこれを発動して買い手にペナルティを科すことではなくて，クロージング/TSAの完了まで，合意事項によって常に強い注意喚起を行い，プレッシャーをかけることにある。

　もちろん，このような条項を入れようとすれば，売却合意がしにくくなった

9　Other Post-Employment Benefits：退職した従業員向けのベネフィットプランの総称。通常，債務性がある

62

り，交渉全体の中で，他で譲歩して埋め合わせる必要が生じる可能性はある。しかし，期日どおりクロージングが完了し，あるいはTSAが終了しないと，手離れの悪さに加え，チームの疲弊，その他有形無形の負担がたいへん嵩んで合理的ではないので，この点はもっと研究される意義がある。

(4) 買い手の行うリテンションへの協力

カーブアウト・売却に限らず，クロージング後の対象事業経営者のリテンションの要否は，買い手の問題である。売り手としては，買い手から要請がある場合に，買い手の行うリテンションの検討に合理的な範囲で協力する立場である。

一方で，売り手としても，別のポジションがある場合を除き，対象事業経営者には事業とともに買い手側に移ってほしい。報酬が高く，LTIやDB年金を持ち，あるいは他にも高コストで複雑な要素を持っている場合はなおさらのことである。

買い手のオファー内容が本人にとってフェアで嬉しいものに満たないと，本人は移らず，具体的にはケース・バイ・ケースだが，売り手が追加コストをかけて解雇することにもなりかねない。本人にとっては，自己都合退職の形をとると会社都合解雇に比べて不利となることが多いため，売り手が解雇しなければならなくなるのである。

このため，適切なタイミングで，売り手は買い手に十分な情報開示を行い[10]，本人に魅力的なオファーが買い手から出てくるように水を向けるのが良い。もっとも，買い手を経営者に頻繁にアクセスさせるのは，経営者が新しい雇用主である買い手と結託するリスクがあるため，DAサイニング前は避ける。

---

10 個人情報規制等の制約が大きく，十分な情報開示ができない場合の対応策については，第3章1(5)「経営者・重要従業員のリテンション」を参照。

3 ┃ 表明保証保険の活用

(1)　表明保証保険とは

①　概　　要

　表明保証保険（以下「本保険」という）とは，DAでの売り手の表明保証の違反により買い手が被る損害を補償する保険である。

　買い手は，売り手に対し，対象事業が問題のない事業であることを表明し保証することを求める。この内容を反映したのがDAの表明保証条項である。表明保証条項には，財務諸表，税務，法令遵守などに関するものをはじめ，人事・労務関連のものもある。例えば「対象事業に携わる役員・従業員に対し，報酬・給与等が支払われており，未払いのものはない」といった趣旨の表明保証もこの1つである。

　買い手はこのような売り手の表明保証を信じ対象事業の買収に踏み切るわけである。ただし，買収後，表明保証された内容が不正確であり，それにより買い手が損害を被ることがある。例えば，上記のような表明保証があったにもかかわらず，買収後に過去の役員報酬の支払い漏れが発覚し，買い手側でその穴埋めをせざるを得なくなったとすると，これが売り手の表明保証違反により買い手に生じた損害となる。

　従来，このような損害に関してはDAの表明保証違反を理由に買い手が売り手に対し補償を請求するというのが一般的であった。しかしながら，最近では，このような損害を本保険でカバーすることが1つの選択肢となってきた。欧米で生まれ発展してきた本保険であるが，ここ数年で国内のM&A案件でも利用されるにつれ，わが国でも広く知られるようになり，M&Aの際の1つのツールとして市民権を得るに至った。

　本保険がここまで広く利用されるようになった理由を把握するため，以下，本保険の利用の動機およびそのメリットを見てみよう。

② 表明保証保険の利用の動機およびそのメリット

(i) 交渉の円滑化

本保険利用のメリットとして第一に挙げられるのが売り手・買い手間での DA交渉の円滑化である。DAの表明保証条項は，当事者間での利害関係が対立するポイントであり，交渉に多くの時間や労力を要するだけでなく，ときに表明保証の内容がまとまらないことが交渉決裂の原因となることもある。

本保険の利用により売り手のリスクの大部分は保険会社に転嫁されるため，売り手としては表明保証の提供や情報開示に応じやすくなり，その結果，交渉がスムーズに進み，買い手・売り手双方の時間や労力の節約につながることとなる。

(ii) 売り手のクリーンエグジット

本保険の利用には買い手だけでなく売り手にもメリットがある。本保険が使われる以前は，売り手はDAで一定期間の補償義務を負うことが一般的であり，対象事業の売却完了後も数年間，潜在的な表明保証違反発覚に備え，補償の原資をエスクローに入れておくことが求められた。

しかし，買い手を本保険に加入させることで表明保証違反による損害を保険会社から回収させることが可能となったため，その結果，売り手はDAでの補償を最小化しエスクローの利用も回避できるようになった。つまり，売り手にとっては売却完了後に補償請求を受けるリスクを排除したうえでの事業からの撤退という，いわゆるクリーンエグジットが可能となった。

特に，プライベート・エクイティ・ファンド（以下「PE」という）の場合，保有資産売却後の投資家への出資金返還や新たな投資案件への資金活用のため，クリーンエグジットが重要となる。したがって，PEが売り手となる案件では，買い手を本保険に加入させ，DAでの売り手の補償がないケースなどもよく見られる。さらには，入札案件で買い手候補に対し本保険への加入を入札参加への前提条件とすることもよく見られ，この場合，買い手としては選択の余地なく本保険をかけざるを得なくなる。

(iii)　買い手による補償の確保

　DAで売り手から十分な補償が得られない場合，買い手はどうするであろうか。表明保証違反による損害発生リスクに対し買い手として一定の備えをしておくことはリスクマネジメントの観点からも重要であり，何の手当もなく買収に踏み切ることは難しいだろう。このような状況での本保険の利用は，まさにリスク・ヘッジの一形態であり，後日問題が顕在化した際にも保険により一定の損害がカバーされるので，買い手の経営陣としてはステークホルダーへの説明責任も果たしやすくなる。

　また，売り手が個人でありその信用力に不安がある場合や，売り手が多数の当事者により構成されるような場合などでは，補償の回収が現実的には困難なこともある。これらの場合でも本保険に加入していれば，問題が発生した際に保険会社に保険金を請求すればよく，補償をより円滑かつ確実に得ることができる。

(iv)　買い手・売り手間での良好な関係の維持

　クロージング後も売り手とのビジネス上の関係が継続する，または元オーナーなどの個人の売り手が経営陣に残る場合のように，買い手としては売り手と良好な関係を維持することが必要なことがある。このような場合，本保険に加入していれば，問題が発生した際にも売り手ではなく保険会社に対し補償を請求できるので，売り手との関係悪化を回避することができる。

(v)　長期間の補償

　本保険のもう1つのメリットは，保険証券で設定された長期間の補償を得られることである。本保険では，基礎的項目（契約締結・履行権限，会社の設立・存続，株式，子会社など）および税務に関する表明保証はクロージング後6〜7年，一般的項目（財務諸表，法令遵守，重要な契約，人事・労務関連など）に関する表明保証はクロージング後3年という保険期間の設定が可能である。

　これらの期間は，DA上の売り手の補償の存続期間にかかわらず設定が可能なため，DAでの売り手の補償が数か月間といったような場合であっても，本保険により長期間の補償を確保することができる。

③　本保険は誰がどのように手配するのか

　次に，本保険がどのように手配されるかを見てみよう。本保険は，買い手が被った損害を補償することを目的とするため，買い手が加入する形となる[11]。したがって，原則として保険会社からの見積り取得や，保険会社による引受審査への対応は，買い手が行う。

　通常，買い手および買い手が起用するファイナンシャル・アドバイザー（以下「FA」という）や法律事務所が，保険仲介業者（保険代理店や保険ブローカー）を通じ，保険会社から本保険を調達することとなる。つまり，買い手側が保険会社と直接やり取りをするのではなく，間に保険仲介業者を入れて手配を進める形となる。

　最初のステップは，保険会社からの概算見積書（Non-binding Indication：以下「NBI」という）の取得である。買い手側でDAドラフトや対象事業の情報（インフォメーション・メモランダムなど）が入手できた段階で，保険仲介業者を通じ複数の保険会社にNBIの提示を依頼する。各社のNBIが出揃った段階で，これらを比較し一番良さそうな保険会社を選択する。保険仲介業者が各保険会社の概算保険料，カバー範囲，過去の実績などの要点をまとめたレポートを作成してくれるので，買い手は，その内容を見て比較検討を行うとよい。

　保険会社を決めると，次のステップは，引受審査（underwriting）のプロセスである。保険会社に対し買い手側の各アドバイザーのDDレポートを提供しVirtual Data Room（以下「VDR」という）のアクセス権も付与する。保険会社は，提供を受けた資料に基づき審査を開始し，質問書や電話会議での質疑応

11　売り手が加入する売り手用の本保険もあるが，マーシュグループでの統計上，利用される本保険の95%以上は買い手用の本保険なので，本書では買い手用の本保険に絞って説明する。

答を行い審査を進める[12]。これらが完了すると，保険会社より審査内容を踏まえた証券ドラフトが提示され，買い手との間で証券の諸条件や文言に関し最後の詰めの交渉が行われる。

　買い手と保険会社の間で証券の内容が合意に至ると，残りは保険開始の事務手続きとなる。日本では保険会社への申込書の提出が必要となるが，海外ではメールで保険開始の指示（binding instruction）を出せばよい場合もあり，国によって実務が異なるので，この点は保険仲介業者に任せておけばよい。良い保険会社を選択し，スムーズな保険手配を進めるには保険仲介業者の役割が重要となるため，経験豊富かつ信頼できる業者を起用するとよい（**図2-6**）。

図2-6　保険手配のプロセス

ディールの流れ		アクション	内　容	コスト
入札	最短5〜7営業日	初期的検討	■保険付保の可否，大まかなコストの把握 ■証券発行地（ディール・ストラクチャーの確認）	無償
		見積資料準備	■NBI取得に必要となる以下の資料を準備 ●DAドラフト ●対象会社の情報（インフォメーション・メモランダム） ●売主・買主双方のアドバイザー・リスト	
独占交渉権獲得		NBI取得	■保険会社各社からNBIを取得 （上記資料をすべて提出してから3〜5営業日程度）	
	最短8〜10営業日	引受審査開始	■上記NBIに基づき保険会社を選定 ■引受審査料の支払い← ■DDレポートの提供，VDRアクセスの付与	有償
		アンダーライティングコール	■保険会社と電話会議によるQ&Aセッション	
		保険契約の交渉	■保険証券の諸条件，文言等についての最終的な詰め	
		補償開始に向けてのアクション	■保険契約の締結	
DA締結		補償開始	■DA締結と同時に補償が開始するように手配	

12　引受審査の進め方は，地域によって異なる。北米の対象事業の案件では，電話会議でのQ&Aが先に行われ，その後にメールベースでの質疑応答が行われる。

⑵　事業売却案件での表明保証保険の利用

①　どのように買い手に本保険をかけさせるか

　ここまで本保険の概要を見てきたが，事業売却の局面ではどのような形で利用されるのであろうか。上記のとおり，本保険は，買い手が加入する保険であるものの，売り手にもメリットがあるため，売り手が買い手に対し加入を求めることが多い。

　従来はPEが売り手の案件での本保険の利用が目立っていたが，最近ではカーブアウト案件のように事業会社が売り手となる案件での利用も見られるようになってきた。クリーンエグジットの実現は，PEだけでなく事業会社としても重要であるため当然の帰結といえよう。

　それでは，次にどのように売り手が買い手に本保険をかけさせるかを見てみよう。一番シンプルな方法としては，DAドラフトに「本件では買い手が本保険を付保することを前提としているため売り手として補償は提供しない」旨のメッセージを記載し，あとは買い手に任せるといった進め方である。特に入札により買い手候補を募る案件では，本保険を買い手側で付保することが入札の参加条件とされることがよくある。

　最近ではFAや法律事務所も本保険の手配に慣れてきているので，買い手がしっかりとしたアドバイザーを起用していれば，難なく対応できるであろう。したがって，売り手から買い手に対し本保険の加入を求めることは，通常のリクエストの範囲内のものとなったといえよう。

②　本保険を利用する場合のDA

　本保険は，DAの内容と関連性が高いため，DAのドラフトに際しては本保険の利用を前提とした内容とすることが求められる。これに慣れた売り手側のアドバイザーがDAをドラフトした場合，以下の特徴を持つドラフトとなることが多い。

(i)　標準的な表明保証

　本保険は，表明保証違反により生じた損害をカバーする保険なので，そもそも表明保証がなされていない事項は本保険の対象とはならない。つまり何か問題が起きても，それがDA上の表明保証違反とならない場合には，本保険の対象とならない。したがって，本保険を意味のあるものにするには，DAに一定範囲の売り手の表明保証があることが前提となる。この点を理解している売り手の場合，標準的な内容の表明保証をあらかじめDAドラフトに挿入し，買い手が意味のある本保険を手配できるよう協力してくれることがある。

　他方，本保険にあまりなじみのない売り手や，本保険を利用するかどうかのスタンスが不明確な売り手の場合，売り手側のDAドラフトに極めて限定的な表明保証しか入れないこともある。この場合，買い手側で標準的な一連の表明保証を挿入するためDAドラフトに大幅な修正を加えなければならず，表明保証の交渉に時間がかかってしまうことがある。

　案件によりさまざまな背景があるので，どのような進め方が一概に正しいとはいえないが，本保険の利用を前提とするならば，早い段階で一定範囲の表明保証がDAドラフトに織り込まれているほうが望ましい。このような進め方を可能にするためにも，売り手側の理解および協力が必要となってくる。

(ii)　限定的な補償

　本保険を使う場合，上記のとおりDAで売り手が一定範囲の表明保証をすることが求められるが，他方でDAでの売り手の補償は限定的で構わない。実際に本保険が使われる案件でのDAを見てみると，表明保証違反に対する補償の上限が譲渡価格の1%程度に設定されていることが多い。

　極端なケースではDAでの売り手の補償がゼロということもある。DAで売り手から十分な補償が得られなくとも，買い手としては，いざというときは本保険があるから大丈夫というわけである。

　上記2点をまとめると，本保険の利用を前提としたDAの場合，「売り手は

表明保証はするが補償はしない」というコンセプトに基づきドラフトがなされることが多い。この点を理解したアドバイザーを起用しないと売り手としてのスタンスが固まらず右往左往してしまうので要注意である。

③ Sell-Buy Flip

上記(1)③でも触れたとおり，本保険は，買い手が加入するものである。売り手としては，いかにスムーズに買い手に本保険を手配させるかが重要となる。これを可能にする1つの方法がSell-Buy Flip（以下「SBF」という）である。SBFとは，売り手が本保険の手配を途中まで進め，その後，手配の主体を買い手に移行（flip）させ，買い手側で付保完了に向けての残りの作業を進めるという方法である。

売り手側ですでに一定のプロセス（NBIの取得，保険会社の選定など）が完了しているため，買い手側での保険手配のプロセスを短縮し，かつスムーズに進めることができる。本保険の先進国である欧州でよく使われる手法であるが，最近では国内案件でのSBFの利用も見られるようになってきた。

SBFは，売り手にとって以下のメリットがある。

(i) 引受可能な保険会社の確保

引受可能な保険会社を見つけるのが難航しそうな案件（大型案件，再生案件，上場会社の買収案件，発展途上国の案件など）では，NBI取得に時間を要することがある。このような場合でもSBFによりあらかじめ売り手側で保険会社を見つけておくことで，買い手がスムーズに引受審査を開始できる。

(ii) 売り手主導でのDA交渉

売り手側でNBIを取ることにより比較的早い段階で保険会社が提供可能な証券限度額・免責金額や案件固有の免責事由などが把握できる。これにより，買い手側のマークアップを待たず，売り手側でDAドラフトに諸条件を反映させることができるので，売り手主導でのDA交渉が可能となる。

(ⅲ)　ディール・スケジュールのコントロール

買い手側での引受審査，保険開始のタイミングにある程度の目途が立つため，独占交渉期間の設定やDA締結のタイミングを売り手側で設定しやすくなる。

(ⅳ)　本保険に不慣れな買い手

本保険に不慣れな買い手に対し，売り手から一方的に本保険に加入するようリクエストしても，何から手をつけてよいかわからず戸惑ってしまうことがある。このような事態が想定される場合，売り手がSBFにより一定の道筋を立てたうえで買い手にflipすることがある。売り手によりある程度セットアップされたところからプロセスが開始できるため，買い手としてはスムーズに保険手配に臨むことができる。国内案件で本保険を使い慣れているPEファンドの売り手が，本保険の利用経験がない買い手を相手にする場合が典型例である。

SBFは，上記のような案件で上手く利用すると本保険の手配をスムーズに進めることができるので，利用を検討してみるとよいだろう。

④　カーブアウト財務諸表の作成および買い手側アドバイザーによるDD

カーブアウト案件では，売却対象となる事業に関しての財務諸表が売り手側で作成される。DAでも「カーブアウト財務諸表が対象事業の内容を適切に反映しており，重大な点において計上の誤りがない」といった内容の表明保証がなされることが一般的である。

売り手としては，カーブアウト財務諸表の買い手側への提供にあたり，どのようなロジックで作成されたかを説明する必要があり，買い手側としても財務DDの一環として，これらをしっかりと確認する必要がある。

カーブアウト財務諸表は，保険会社としても引受審査において重点的に確認する項目となる。したがって，売り手からの情報開示や買い手側でのDDに不十分な点があると，その部分のカバーが削られてしまうことがある。

また，もう1つの注意点としてはDDの対象期間が挙げられる。例えば，

2021年12月末の財務諸表までしか買い手側でDDを行っていないと，2022年1月以降の月次の財務諸表については保険の対象外とされてしまうことがある。このように本保険のカバーを削られないためにも，売り手に対しては買い手側で必要となる情報の開示や，保険開始直前までの情報のアップデート（直近の月次の情報の提供）への協力が求められる。

(3) 従来型の英文証券と新たな国内M&A保険

　ここで最近発展が著しい国内M&A保険について説明する。本保険には，大きく分けて英文証券と和文証券の2種類の証券があるので，以下それぞれの特徴を見てみよう。

(i) 従来型の英文証券

　2019年まで，本保険といえば英文の証券しかなかった。欧州や日本をはじめとするアジアで"Warranties and Indemnity Insurance"と呼ばれ，北米で"Representations and Warranties Insurance"と呼ばれているのが英文証券の本保険である（以下，従来型の英文証券の本保険を「W&I保険」という）。

　W&I保険の場合，外国人の引受担当者（underwriter）が引受審査を行うため，質問書での質疑応答も電話会議での質疑応答もすべて英語で行われる。

　また，DAが和文の場合には英訳（全訳）の提出が求められ，買い手側のアドバイザーのDDレポートが和文の場合にはその英文サマリーの提出が求められる。これらに対しては，特に国内案件において難色を示す買い手やアドバイザーも多く，その結果，W&I保険の利用を諦めることもあったようである。

　W&I保険の利用にあたっては，英文証券の交渉も含め，保険会社との間で英語でのコミュニケーションが必要となるため，これに対応可能なアドバイザーの起用も必要となる。

(ii) 国内M&A保険

　そのような中，2020年1月に和文証券で引受審査もすべて日本語で行われ

る国内M&A保険が登場した。今では国内大手損害保険会社4社で引受けが可能となっている。国内M&A保険は，登場以降，日本企業および国内のアドバイザーに好意的に受け止められており，利用件数も順調に伸びている。

　販売開始当初は保険料が高めであったが，2022年8月現在，W&I保険との保険料率の差もほぼなくなってきた。また，販売開始当初は，証券限度額を最大で10億円〜15億円までしか設定できず，Enterprise Value（以下「EV」という）[13]が200億円を超えるような規模の案件での利用が難しかった。その後，2021年に入り複数の会社での共同引受けや複数レイヤーでの引受けも可能となり，今では最大で100億円を超える証券限度額の設定も可能となり，EVが500億円を超える案件での利用実績も出てきている。

　クロスボーダー案件では引き続きW&I保険のみが利用可能であるが，国内案件ではW&I保険と国内M&A保険の両方が利用可能なこともあり，本保険の選択肢が広がったといえよう。売り手側の視点からすると，買い手側で利用可能な本保険の選択肢が広がったため，買い手に本保険をかけさせることが容易になったといえる。

⑷　表明保証保険のストラクチャー，カバー範囲

　ここからは，本保険がどのような形でかけられるか，またそのカバー範囲について見てみよう。また，本保険の開始後，保険対象となる損害が発生した場合，どのように保険金請求を行うかについても解説する。

①　表明保証保険のストラクチャー
　本保険の証券限度額や免責金額はどのように設定されるのが一般的かにつき以下，解説する。

13　対象会社の事業規模を示す指標で株式時価総額とネット・デット（純有利子負債）の合計。

(i) 証券限度額

　証券限度額とは，表明保証違反に基づく損害が発生した場合，最大いくらまで保険金が支払われるかの上限金額である。この証券限度額は，EVの10%〜30%の間で設定されることが多い。例えば，以下のストラクチャー図（**図2－7**）のようにEVが100億円の案件で証券限度額を20億円に設定したとする。この証券限度額は，保険期間中の通算の限度額なので，期間中累計で最大20億円まで保険金が支払われることとなる。

図2－7　表明保証保険のストラクチャー

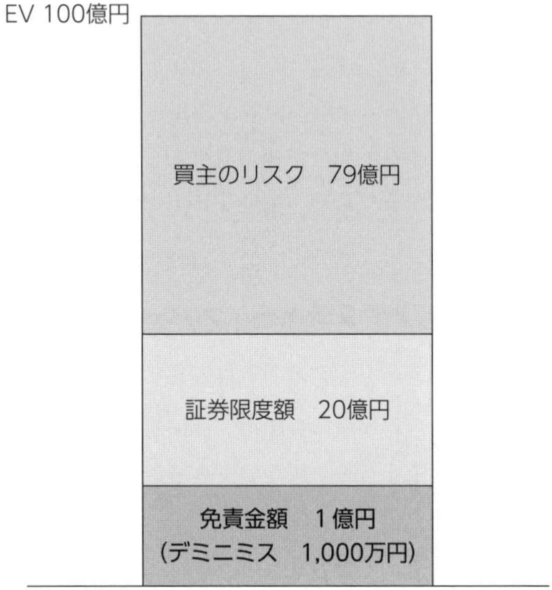

EV 100億円

買主のリスク　79億円

証券限度額　20億円

免責金額　1億円
（デミニミス　1,000万円）

(ii) 免責金額／デミニミス

　表明保証違反による損害が生じた場合であっても，その金額が一定額を超えないと本保険の対象とならない。

　まず1つ目のハードルがデミニミス（De Minimis）である。これは，いわゆる最小損害単位であり，小さすぎる損害は，そもそも本保険の対象となる損

害とみなさないという足切り金額である。例えば，W&I保険の場合，デミニミスはEVの0.1%に設定されるのが一般的である[14]。したがって，EVが100億円の場合には，デミニミスは1,000万円となる。この場合，200万円や300万円の損害が出たとしても，小さすぎる損害であるため本保険の対象とはならない。

　もう１つのハードルが免責金額（Retention）である。何か損害が生じた場合であっても，免責金額を超えた部分からしか保険金が支払われない。つまり，累計で免責金額を超えない損害については，保険金の支払対象とはならない。

　W&I保険の場合，免責金額はEVの１%またはEVの0.5%に設定されるのが一般的である[15]。例えば，EVが100億円で免責金額がその１%である１億円に設定されたとしよう。この場合，8,000万円の損害では，まだ免責金額以下なので保険金が支払われない。ただし，保険期間内に，さらにもう一度8,000万円の損害が生じたときは累計で損害額が１億6,000万円となるため，免責金額超過分の6,000万円が保険金として支払われることとなる（図２−７）。

②　免責事由

　本保険では原則としてDAで売り手が表明保証した事項がカバー対象となるが，一定の事項については保険会社としてリスクが高すぎて引き受けられないといった理由で，本保険のカバー対象外とされることがある。このようなカバー対象外となってしまう事項を，保険会社の責任が及ばない事項として免責事由と呼ばれる。以下，どのような項目が免責事由となるか見てみよう。

(i)　標準的な免責事由

　免責事由の１つ目のカテゴリーとして，どの案件にも共通の標準的な免責事由がある。これには以下(a)〜(f)のような項目がある。

14　国内M&A保険の場合，デミニミスを証券限度額の0.1%とするオプションが提示されるのが一般的である。
15　国内M&A保険の場合，免責金額を証券限度額の１%とするオプションが提示されるのが一般的である。

(a) 買い手がクロージングまでにすでに認識していた表明保証違反

(b) 価格調整に関するもの

(c) 保険の対象とできない罰金

(d) クロージング後のことを保証するもの

(e) 年金基金の積立不足

(f) 移転価格，繰越欠損金など

(ii) 案件固有の免責事由

もう1つのカテゴリーとして，案件固有の免責事由があり，対象事業の業種等により免責とされる以下(g)〜(i)のような項目がある。例えば，対象事業が化学関連の事業であり工場を保有している場合などには，以下の環境汚染や製造物責任に関する事項が免責事由となる。

(g) 環境汚染

(h) 製造物責任

(i) サイバーリスク

これらの項目につきリスクがある場合には，本保険でカバーを得ることが難しいため，買い手としては，売り手からDAで特別補償を求める，または対象事業のために適切な保険（環境汚染賠償責任保険，生産物賠償責任保険，サイバー保険など）を手配するといった対応が必要となってくる。

(iii) 引受審査の結果，免責とされる事由

上記の標準的な免責事由や案件固有の免責事由に加え，引受審査の中で，保険会社によりリスクが高く引受けが難しいと判断された事項や，十分なDDが行われていないことが判明した事項については免責事由となってしまう。

例えば，過去に複数回にわたり従業員への残業代の未払いがあった旨がDD

レポートで指摘されている場合，現時点において顕在化している問題がなくとも，保険会社としては潜在的な問題が後から発覚するリスクを恐れて免責事由とされてしまうことがある。

③　保険料水準，その他本保険にかかる費用

　保険料は，対象事業の規模，対象事業が行われている国，対象事業の業種などのファクターにより異なる。ただし，保険料水準には一定の傾向はあるので，一例として以下の案件を想定してみる。

対象事業が行われている国	日本
対象事業の規模（EV）	100億円
対象事業の業種	一般的な製造業
買主が希望する証券限度額	20億円

　上記前提であれば，2022年8月現在，保険料率（証券限度額に対する保険料の割合）は2％程度であるため，保険料にすると4,000万円前後といった水準となる。アジアでは，シンガポールの対象事業の案件では，保険料率がこれよりも低めであり，インドや中国の対象事業の案件では高めといった傾向がある。北米の対象事業の案件では，現地で使われている証券のカバー範囲が広いといった特徴もあり，保険料率は4％を超えることもある。

　対象事業の規模が大きな案件では一般的に保険料率も高くなる。同じ20億円の証券限度額であっても，EVが400億円の案件とEVが100億円の案件では，前者のほうが20億円規模の損害が発生するリスクが高いと考えられ，保険料率が高くなる。

　対象事業の業種も保険料率を左右するファクターとなる。例えば，金融業や製薬業などは，規制が厳しく，法令遵守などの表明保証につき違反が生じるリスクが高いと考えられ，これらの業種の案件では保険料率が高くなる。他方，不動産の資産保有会社で従業員がいないような会社の買収案件では，DAの表明保証の項目が少なくなることもあり，保険料率が低くなる。

　保険料以外にかかる費用としては，引受審査料（underwriting fee）がある。保険会社が引受審査を行う際，外部の弁護士事務所を起用する。引受審査料は，保険会社側で要する弁護士費用であり，一般的に300万円～400万円程度である。なお，対象事業が複数の国にまたがるような複雑な案件の場合，引受審査に手間がかかるため，引受審査料が500万円を超えることもある。

　その他，国によっては保険料税（insurance premium tax）がかかることがある。特に欧州では保険料税の税率が15％を超える国もあるので，こちらはNBIを取る際にあらかじめ確認を要するポイントである。

　このように，本保険にかかるコストは，保険料率に影響を及ぼすファクターを含め，案件により異なり一筋縄では行かない。本保険のコストを試算する必要がある場合には，これらに関し知見のある保険仲介業者に相談をするとよい。

④　保険金請求

　いざ表明保証違反による損害が発生した場合，保険契約者は，何から始めるべきであろうか。まずは，保険会社に対し本保険の対象となる損害が発生した旨を通知することが必要となる。

　この通知にあたっては，(i)損害発生にかかる事実の概要，(ii)当該事実がDA上，どの表明保証の違反となるか，(iii)損害額およびその算定方法，といった点の説明が必要となる。なお，この際，当該事実が免責事由に該当するか否か，損害額が証券上のデミニミスや免責金額を超えるものか否かもポイントとなる。

　ここで1つ注意すべきは，保険期間終了間際に表明保証違反による損害発生が判明した場合である。保険金請求の通知は，保険期間終了前までに行われなくてはならない。したがって，本保険の対象となりそうな事象が発生した際には，まず通知を行うことが肝要となる。仮に通知書に記載すべき事項に不明確な点があっても，まずは把握できている概要を通知しておけばよい。後日，確認が取れた時点で改めて詳細を通知すればよいので，この点は頭に入れておくとよい。

　保険金請求の通知を受けると，保険会社は，それぞれのポイントを説明する

資料，情報等の提出を求め，必要に応じてヒアリング等も行い審査を進める。審査の結果，本保険の対象となる損害が認定されると保険金が支払われることとなる。案件の複雑さ次第で，数か月で保険金支払いに至るケースもあれば，請求手続きに 1 年以上かかることもある。

　AIGが公表している統計では，約 5 件に 1 件の証券で保険金請求の通知がなされているといった情報もある[16]。したがって，表明保証違反は，一定の確率で発生することは避けられず，そのことからも本保険が必要とされることがわかる。

16　以下を参照。https://www.aig.com/business/insurance/mergers-and-acquisitions/mergers-and-acquisitions-claims-reports

第3章

カーブアウト・事業売却の
サイニング後の実務

　本章では，HRDDの後工程，すなわちDAサイニング後からDAクロージングまでの期間における組織・人事実務を詳しく解説する。

　なお，対象事業が複数か国に展開している場合，国が違えば市場慣行も違い，スタート地点である現行制度も違うので，DDの後工程は国ごとに検討する必要がある。さらに1か国に対象の拠点が複数ある場合は，実際にすべて同じ扱いになるのかどうか，具体的に実務のレベルで注意することが必要である。

　対象事業が1か国に閉じている案件は決して珍しいものではないが，事業規模が大きい場合には，数か国になるのは普通で，中には10か国以上，さらに数十か国に至る例もある。

　前掲図1－1のとおり，カーブアウト・事業売却には3つのパターンがある。そこで，先に最も難度の高い「事業譲渡」を取り上げて論点の全体をカバーし，次いで「既存子会社の株式売却」と「対象事業を移管した新設法人の株式売却」について，事業譲渡との対比で，特徴を説明する。

1 ┃ 事業譲渡の場合

　買い手法人に，売り手の事業・資産を移管するため，スタンドアロンイシューがフルセットで発生し，これに対応するタスクも目白押しとなる。

　HRDDのときは，買い手は重要国や重要拠点に絞って検討する（その他はリ

82

スクを取って目をつぶる）ことが可能であり，多くの場合に必要だが，HRDD
の後工程になると，合意した買収対象のすべての国・拠点の従業員を受け入れ
るよう準備しなければならない。さらに，従業員数の少ない拠点だからといっ
て，少ない工数で済むということはまずない。このため，HRDD時とは比べよ
うもない膨大な作業工数となる。また，売り手にも応分の工数負荷が発生する
ことが重要である。

　HRDDの後工程実務のポイントは，具体的には，以下の5項目に整理するこ
とができる。以下，順を追って説明する。

---

(1)　従業員の個人別の新処遇条件設計
(2)　従業員の移管
(3)　人事関連の典型的なスタンドアロンイシュー
(4)　TSA
(5)　経営者・重要従業員のリテンション

---

(1)　従業員の個人別の新処遇条件設計

　本項では，前掲図1-4の上段，すなわち，買い手が，売却対象事業の従業
員に，全体として（in the aggregate）「現状と同等（Comparable）かそれ以
上」と考えられる内容の新処遇条件を設計するときの論点について説明する。

①　同等性の基本的な考え方

　まず，実務でこの同等性についてどのように扱うかを整理したのが図3-1
である。特に，ベネフィットプラン（健康保険などに代表される福利厚生制
度）において，この同等性が問題となる。
　ベネフィットは，雇用者／従業員が掛け金（Premium）を支払い，従業員
が便益（Benefit）を受け取る制度である。したがって，売却後に売却前とまっ

| 図3-1 | 処遇条件の同等性の確保 |

パターン	従業員の受ける便益 減少	従業員の受ける便益 同一	従業員の受ける便益 増加
従前どおり，従業員拠出がないまま変わらず	会社の拠出を増やして，便益を増やす	従業員に不満なし	従業員に不満なし
従業員拠出が減少	会社の拠出を増やして，便益を増やす	従業員に不満なし	従業員に不満なし
従業員拠出が増加	会社の拠出を増やして，便益を増やす 従業員の拠出増を，一時金等で補填する	従業員の拠出増を，一時金等で補填する	従業員の拠出増を，一時金等で補填する補填の必要がない場合もある

たく同じプランが同じコストで用意できる場合は何の問題もない。しかし，カーブアウト・売却に伴い，通常はプロバイダーが変わる，または制度に加入する従業員数が減ったことにより，引き受けてくれるプロバイダーが見つからないため，まったく同じプランが同じコストで用意できることは，実際にはまずない。

　もっとも，ベネフィットのコストは雇用者がすべて負担するか，または雇用者と従業員の双方で負担するため，総コストの視点と従業員負担の視点の両方がある。例えば，総コストは増えたが，従業員負担は増やさず，理解を得やすくするということは可能である。もちろん，会社のコスト増を受忍すればの話である。

　この問題は，図3-1のとおり，3×3の枠組みでパターンを整理できる。縦軸は掛け金の従業員負担の増減パターン，横軸は従業員が受ける便益の増減パターンである。ここにある掛け金従業員負担の増加や，受け取るベネフィットの減少は，新しいベネフィットをいろいろ工夫してもどうしても避けられないことが多いので，現金で調整して，従業員の同意を取りにいくのが基本になる。逆に，掛け金負担が減ったり，受け取るベネフィットが増えたりする分には，従業員には不満はない。

　もちろん，現状と同等かそれ以上であるかどうかの議論は，処遇パッケージ全体での話である。新制度の検討時も，対象従業員へのコミュニケーション時も，個別制度のプラス／マイナスを押さえたうえで，最後は処遇パッケージ全体として同等かそれ以上というところで考える。

　また，従業員にどうしてもデメリットが生じてしまう場合の現金調整については，いつまでを補填の対象とするのかを考える必要がある。対象期間を短くすることができれば，まとめて1回で支払うのが簡素である。

　この話の大元は，処遇を同等に維持する期間（Comparability Period）を，DAに具体的に定めるところにある。この期間を長くすれば，売り手は対象従業員に対してよい顔ができるが，買い手としてはもちろん買いにくいし，その分，売り手は売りにくくなるということである。

② 買い手の情報請求に応じた売り手の情報開示

　対象従業員に新処遇条件を提示するのは，買い手である。これは買収後の制度は買い手のコストで買い手の責任において運営するものであり，本来的には売り手に都合の良い条件提示をされて，想定外のコスト負担や複雑なオペレーションを強いられることは迷惑な話となるはずだからである。買い手は，個人別の現行処遇条件の情報を売り手に請求し，売り手はそれに応じて情報開示を行うのが原則である。

　ここで買い手が必要な基本的な情報は，従業員センサスデータ，就業規則，ベネフィットプランの詳細である。HRDDの時に請求を済ませ，すでに入手済みであればよいが，売り手としては，何でも詳細に情報開示してきたわけではない場合，サイニング後に改めて買い手の情報請求を待つことになる。

　しかし，買い手に経験が足りない場合や，経験あるアドバイザーをリテインしていない場合は，クロージングまでの貴重な時間をいたずらに失う恐れがある。そうなると，売り手は，買い手からの働きかけを待つだけでなく，買い手にうまく働きかけることも必要になる。

　とはいえ，新処遇条件の設計は，あくまで買い手が行うものであるから，売

り手は情報提供や売り手内部のコミュニケーション・調整に協力はするが，買い手の作業に手を出したり，手を貸したりしないし，また，そうすべきではない。売り手にとっては本来負担すべきでないコストであり，新処遇案について従業員との間で揉めたときは，責任問題にもなるからである。

　ここで，「うまく働きかける」とは，典型的には買い手と売り手との間に定常的な連絡会議を置き，買い手の作業計画とその進捗を共有してもらい，売り手の懸念や要求を伝えて協議し，次回までのNext Stepを定める，といったことである。

　もちろん，買い手が，自分側の課題やタスクをよく理解していない場合は，売り手有利な方向に示唆・誘導も可能である。また，売り手から買い手にプレッシャーをかける，といった強いモードで問題解決を迫ることも時に必要である。

③　一部従業員への個別対応

　このように，従業員の現状処遇条件を個別に見ながらも，基本的には制度的に対応することで大部分の従業員はカバーされる。しかし，例外的なケースの対応に手を取られることは決して珍しくない。例外的であっても，移ってきてほしいと思う以上は，買い手は1人ひとり本人が満足する新処遇条件を設計しなければならない。決して，人数の多寡の問題ではないのである。

　例えば，例外的に以前にあった制度の適用を今でも受けている従業員の存在がある。具体的には，会社としては廃止した制度を，（その時に切り替えきれずに）例外的に一部従業員に適用されているケース（レガシー制度）や，以前に買収した会社から移ってきた従業員が，その買収先にあった制度の適用を（その時に切り替えきれずに）いまだに受けているケースがそうである（DDの時に，対象会社に加入者がわずか4名しかいないDB年金制度があることがわかったりする）のは，何か上記のような背景がある。

　買い手がこのような例外を正しく認識し，適切に検討していることが察知できればよいが，そうでない場合，最後まで「買い手から請求されない情報は，

一切出さない」,「買い手が新処遇条件を設計するまで,ひたすらお手並み拝見」というスタンスでいくかどうかは状況次第であり,どこかのタイミングで,その従業員が納得する適切な新処遇条件が買い手から出てくるように協力するよう,方針転換する必要が生じる場合もある。

　例えば,買い手の設計した新処遇条件に納得せず,買い手に移らなかった従業員は,売り手が解雇すれば済むこともあるが,そうではなくて,簡単に解雇できないとか,特殊な処遇条件を維持するのにいつまでも大きなコストがかかるとか,売り手が大きな面倒を背負いこむ場合もありうる。そのような場合には,買い手に多めに協力し,適切に新処遇条件が設計されて,その従業員が円滑に買い手に移るほうが得策である可能性が高いのである。

　なお,売り手が自分側の重要な内情を把握済みであって,初めてこのように買い手に多めに協力して良好な結果を享受することができる。改めて,Seller's DDの重要性を強調したい。

(2)　従業員の移管

　本項では,前掲図1-4の中段,すなわち買い手が売却対象事業の従業員を自拠点に移管し,受け入れるときの論点について説明する。

①　従業員移管のプランニング

　図3-2に従業員移管における必要タスクの整理を示した。シンプルな図にまとめられるが,ポイントは,どこの国で何が起きるのか,国別に正しく掌握することである。

　効率的に売却を完了するためには,このような国別の状況の正しい掌握は,売り手・買い手ともに非常に重要である。

　図の左側の情報には,実はなかなかスムーズに集まらないものがある。まず,「2.従業員の受入拠点」が,買い手側でなかなかタイムリーに固められないケースがある。その国に買い手の既存拠点がない場合は,受入拠点を新設するのが基本となる。

図3－2　従業員移管における必要タスクの整理（対象国別に実施）

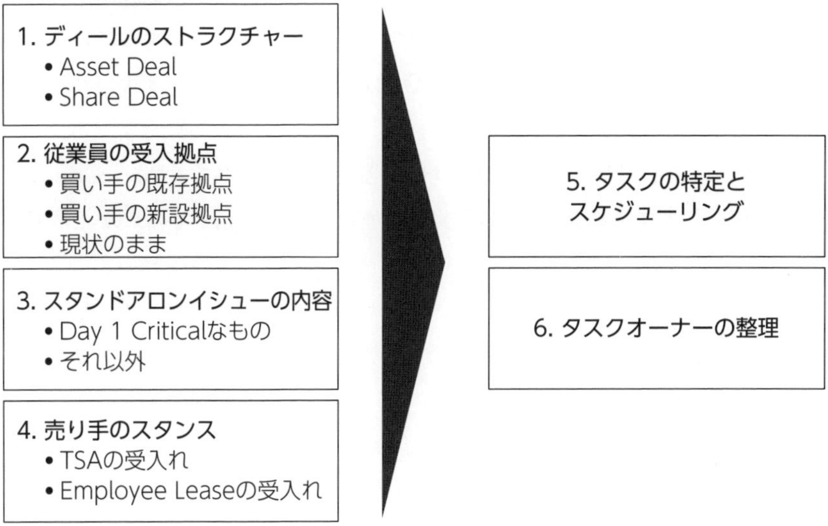

1. ディールのストラクチャー
   - Asset Deal
   - Share Deal

2. 従業員の受入拠点
   - 買い手の既存拠点
   - 買い手の新設拠点
   - 現状のまま

3. スタンドアロンイシューの内容
   - Day 1 Criticalなもの
   - それ以外

4. 売り手のスタンス
   - TSAの受入れ
   - Employee Leaseの受入れ

5. タスクの特定と
   スケジューリング

6. タスクオーナーの整理

　少人数であれば，隣国にある拠点ではダメなのか，といった検討要素はあるものの，方針レベルではまず他に選択肢はない。買い手の既存拠点がある場合は，そこで従業員を受け入れればよさそうなものであるが，実は買い手社内で事業部が違うとか，既存従業員と受け入れる従業員で処遇条件が違いすぎるので分けておきたいなど，そう簡単に行かない場合がある。

　買い手は，これをすべての対象国で検討し，受入拠点を定める。拠点を新設する場合は，速やかに新設手続に入る必要がある。従業員の受入拠点が決まらないうちは，ベネフィットを新設するのか，買い手の既存制度を使うのかも固まらず，新処遇条件の検討ができないので，他のことがいくら準備済みでも，このあとのプロセスは一切進まない。また，新設拠点が法的に設立されていなければ，従業員の受入れはできない。

　転じて，売り手は，買い手がどの国のどの拠点で従業員を受け入れるのか，およびそれはいつ決まるのかを注視する必要がある。

　次に，「3．スタンドアロンイシューの内容」と，「4．売り手のスタンス」

88

について，関連づけて説明する。

　事業譲渡の場合，スタンドアロンイシューの対応の大きな選択肢は，買い手がクロージングまでに手当するか（つまり，新設するか，買い手の既存のものを使うか），あるいは売り手とTSAに合意し，コストを払って時間を稼ぐか，の2つである。

　もちろん，Day1に手当を間に合わせる必要がない，つまりDay1 Criticalでないスタンドアロンイシュー[1]の手当は，割り切って先送りするのが正解である。

　したがって，売り手のポリシーとして（条件次第とはいえ）TSAを受け入れられるのか，それともその余地がないのかは，買い手にとってはクロージングまでのタスクやプレッシャーを左右する大きな問題となる。DA締結時には，買い手としてはせめてその余地を残したい。

　逆に，売り手がはじめからTSAを受ける気がないのであれば，遡ってLOI/MOUの時点から釘をさしておくのが有効である。もっとも，それをどれくらい強く言うのがよいかは，交渉ポジション次第である。

　DAサイニング後は，買い手はスタンドアロンイシューの手当をしてクロージングできる状態にしないといけないので，自分で準備していては間に合わないときには，TSAにすがるしかない。選択肢のないなかでの交渉となれば，多少のやり取りはしたとしても，最後は売り手が示す条件をのまざるを得ない。逆に，売り手は，ここで低廉なコストでTSAに応じるなどして，買い手に協力する義理はない。

　なお，図3-2にあるEmployee Leaseとは，クロージング時に従業員を移さず，売り手に残したままにしてDay1を迎える，という選択肢である。クロージング自体は完了しているのだが，一定期間，従業員を売り手に残したままにして操業を継続する。これは，従業員の移管作業が間に合わなくて，しかもクロージング日を延期することもできなかったからである。

1　等級制度，報酬制度，評価制度等タレントマネジメントや教育関連の制度等。

　従業員が，売り手に残ったままなので，ベネフィットはもとより，ペイロールやHRISなどのサービス・機能についても，売り手のものをこれまでどおり使う。もちろん有償であり，期間を定め，売り手は継続して工数を負担する。いわば，従業員と従業員周りの一式を，丸ごとTSAの対象にしてしまうのがEmployee Leaseである。

　法的に，対象国においてこのEmployee Leaseが可能かどうか，個別に確認を要する。また，売り手・買い手にとってEmployee Leaseが受入れ可能かどうかも，手間・コストだけの話でなく，対象従業員の感情面からも相当に大きい問題である。

　従業員感情の問題というのは，従業員に「今日から新しい会社となって，新しい事業方針で頑張ろう」といいながら，「あなたの雇用は当面は元のままで，処遇条件もまだ決まっていません（追って連絡します）」と，気持ちに水を差す説明をしなければならない，ねじれのことである。このねじれが気にならない従業員もいるし，頭で考えて割り切れる従業員もいるが，従業員にとってはすっきり楽しい話ではなく，買い手の行うコミュニケーションの効果が減殺され，モチベーションが下がりうることには，十分な注意が必要である。

　しかし，いよいよEmployee Leaseしか手がないとすると，クロージング日の延期とどちらをとるか，天秤にかけた判断となる。なお，Closing Conditionの要件が充足されるとクロージングは自動的に発生するため，従業員が移籍しないからという理由のみでクロージングを延期できないのが一般的である。万策尽きた場合，クロージングの延期を国別で行う等，個別の交渉が必要である。

　売り手も，買い手も，経験があれば，今回案件の従業員移管の難度や，問題となりそうな国や拠点は想像がつく。しかし，Employee Leaseを回避すべくプランニングして作業を進めても，最終的にEmployee Leaseしか手がなくなってしまうこともある。

②　1つの案件に含まれる従業員移管パターンの多様性
　ここで，読者にイメージを具体的に持っていただくために，図3-3に実際

のカーブアウト・売却案件がどのようなパターンの組み合わせでできているのかを例示した。本節は，本来，事業譲渡を説明するところではあるが，図3－3にはあえて他のパターンである子会社の株式売却も含めた。合計500人程度の事業の売却で，従業員の移管パターンは7つである。

図3－3 1つの売却案件での従業員移管のパターン整理（例示）

分類	国	カーブアウト・売却のパターン	従業員受入先	ベネフィットプラン・サービス・機能	従業員移管	TSA
I	欧州A	既存子会社の株式売却	現拠点のまま	現在のものを継続して使用	発生しない	不要
II	アジアA	事業譲渡	買い手の既存の同国拠点	買い手拠点のものを使用	買い手が従業員にオファーして移管	不要
III-1	欧州B	新設子会社の株式売却	売り手が新設する子会社	売り手が現行制度を分離	売り手があらかじめ移管	不要
III-2	米州A	新設子会社の株式売却	売り手が新設する子会社	買い手の同国拠点のものを使用	売り手があらかじめ移管	必要
III-3	欧州C	新設子会社の株式売却	売り手が新設する子会社	売り手が新設	売り手があらかじめ移管	必要
IV	アジアB	既存子会社の株式売却 ただし，売却対象外の事業の従業員が存在	現拠点のまま	現在のものを継続して使用	発生しない ただし，対象外事業の従業員を売り手があらかじめ移管	必要：買い手→売り手
V	欧州D	既存子会社（欧州A）の株式売却に包含	売り手の欧州A国子会社	売り手の欧州A国法人のものを使用	売り手があらかじめ移管	必要

　表の横軸には，従業員受入先，ベネフィットプラン・サービス・機能，従業員移管，TSAの要否を示した。本事例は複雑なほうではあるが，売り手のこれまでのM&A・事業再編の結果，1つの案件の中に複数のパターンが混在するのは決して珍しくない。このため，国ごと（同一国に複数拠点がある場合には拠点ごと）に，今回のカーブアウト・売却で一体何が起こるのか，売り手・

買い手ともに注意して理解しなければならない。

　分類Ⅰは，完全に独立している子会社の株式売却で，スタンドアロンイシューがないため，カーブアウト作業は基本的に発生しない。

　分類Ⅱでは，対象事業を譲渡し，買い手はオファーに同意した従業員を自社の既存拠点に受け入れ，既存のベネフィットプランに加入させ，既存のペイロール・HRISなどのサービス・機能を使う。期限内に作業完了できるため，TSAは不要であった。

　分類Ⅲ-1では，売り手が法人を新設し，従業員を移したあとで，株式売却する。ベネフィットプラン・サービス・機能は，売り手の既存のものを分離して，新設子会社に備え付ける。分離・備付けが期限内に作業完了できるため，TSAは不要であった。

　分類Ⅲ-2では，同様に売り手が法人を新設して，従業員を移管するが，そこに備え付けるベネフィットプラン・サービス・機能は，買い手の同国拠点のものを使う。ベネフィットプラン・サービス・機能はすでにあるのだが，移管従業員に適用するのに時間がかかるため，TSAが必要になった。

　分類Ⅲ-3では，同様に売り手が法人を新設して，従業員を移管するが，そこに備え付けるベネフィットプラン・サービス・機能は，売り手が新設する。しかし，売り手の新設作業に時間がかかるため，売り手の都合でTSAが必要になった。

　分類Ⅳでは，完全に独立している子会社の株式売却で，スタンドアロンイシューがないため，カーブアウト作業は基本的に発生しない。しかし，子会社に，売却対象外の事業の従業員が雇用されているため，子会社の売却前に，売り手がその従業員を他の拠点に移す必要があった。また，その従業員が加入していたベネフィットプランと同等のプランがすぐには用意できず，売り手の都合でその従業員のためにTSAが必要になった。なお，売却の完了により，このTSAによるサービスは買い手から売り手に出すものとなる。

　分類Ⅴは，対象従業員が少ないため，あらかじめ売り手が従業員をD国拠点から隣国のA国拠点に移管し，A国拠点の株式売却（分類Ⅰ）に包含して移し

てしまうものである。これには，A国で雇用され，B国で問題なく常態的に勤務できることなど，法的なチェックが必要なのはもちろんのことである。ただし，その従業員がD国で加入していたベネフィットプランと同等のプランがすぐには用意できず，売り手の都合でその従業員のためにTSAが必要になった。

　ご覧いただいて，いかがであろうか。買い手に経験があり，早々に図3－3のような整理を終えていることを知れば，売り手は一安心だろう。逆に，買い手から必要なはずの情報請求がなく，一向に相談もない，ということだと，売り手としては警戒モードに入らざるを得ない。
　図3－4に，従業員の移管を計画するにあたっての必要情報や確認事項を，

図3－4　従業員移管の計画時に必要な情報・確認事項（概要）

確認項目		概要
従業員の受け入れ [原則買い手責任]	従業員受け入れのプロセス概要	本件では転籍をオファーするのか，自動的に雇用が移管するのか，解雇して再雇用するのかなど，従業員移管のパターンを明らかにする。選択肢が存在することもある
	受け入れに必要な法定書類	本件のパターンに必要な書類を明らかにする
	通知が必要な公的機関	現地の労働監督機関への通知・報告の要否，必要な場合は内容・期日などを明らかにする
	処遇条件変更の要件	従業員の移管に伴って処遇条件の変更が必要となる場合，変更の手続きを明らかにする
従業員の送り出し [売り手責任]	従業員の送り出しのコミュニケーションの要件	本件の従業員の送り出しパターンを明らかにし，組合／労使協議会／従業員へのコミュニケーションの要件を明らかにする。買い手にも共有する
	送り出しに必要な法定書類	本件のパターンに必要な書類を明らかにする
	解雇手当の取扱い	解雇手当の要否，必要な場合は支給金額などを明らかにする
	通知が必要な公的機関	現地の労働監督機関への通知・報告の要否，必要な場合は内容・期日などを明らかにする

大まかにまとめた。DAで合意した従業員の移管について，売り手にはきちんと送り出す責任が，そして買い手にはきちんと受け入れる責任がある。詳細は，国，M&A形態，従業員受入先，ベネフィットプラン・サービス・機能の手当方法などにより違ってくるので，案件ごと・国ごと（同一国に複数拠点がある場合には拠点ごと）に，売り手も，買い手も注意して理解する必要がある。

　なお，買い手のローカル人事チーム（国ごと）に十分な経験と体制があるか，あるいは売り手から受け入れる従業員の中に人事チームが含まれるか，という点は，クロージングに向けてのリソース確保の観点から大変重要であり，売り手も，買い手も早期に把握すべきである。

③　自動転籍にまつわる誤解

　日本における会社分割関連の法令や，欧州におけるTUPE（Transfer of Undertakings（Protection of Employment））のように，カーブアウト・事業売却にあたり，対象従業員の個別同意を取ることなしに，従業員が転籍する場合が定められている。

　この主旨は，雇用と処遇条件を一定程度保証する代わりに，個別同意までは取得せずに済むようにすることにより，買い手と売り手の双方の手続き負担と，事業を買収しても従業員が転籍しないリスクを減らし，事業・産業の再編を促進しようというものである。

　いわゆる自動転籍の場合，個別の転籍のオファーや合意取り付けは不要になる。この点は，重要なメリットである。しかし，本章でこれまで説明してきた，新処遇条件を設計し，実際にプランを用意して従業員を加入させ，さらにペイロールやHRISなどのサービス・機能を切れ目なく提供できるように準備するタスクは決してなくなるわけではないので，誰かがやらなければならないことに注意が必要である。つまり，自動転籍には大きな意義があるが，自動転籍だからといって，買い手も売り手も，完全に手間いらずにはならないのである。

　なお，自動転籍の場合の処遇条件については，法令ではまったく同じものが求められる。しかし，(1)で説明したとおり，まったく同一条件でのベネフィッ

トの複製は実務上まず不可能であり，全体として同等になるよう，最後は現金等による差額補填も使って，何とかせざるを得ない。

さらにいえば，特定の案件が自動転籍であろうがなかろうが，でき上がってくる新制度には，最大限の努力をする以上は違いがないともいえる。

結局，自動転籍であっても，雇用の移管以外のことは全部準備し，実行しないといけない。このことはしばしば誤解されており，買い手の準備が進まなかったり，売り手のほうでも，買い手に対する情報開示・協力や，買い手のモニタリングがお留守になったりすることがあるので，注意を喚起したい。

(3) 人事関連の典型的なスタンドアロンイシュー

人事関連のスタンドアロンイシュー（ただし，問題となるのはDay1までの対応が必須のもの）については，その概要をすでに図1－2に掲げている。**図3－5**は，その具体的な細目である。これらを手当する方法については，買い手が売り手から情報提供その他の協力を得て，新制度等を準備して間に合わせるか，売り手とTSAを合意するかのどちらかとなる。

もちろん，TSAは時間稼ぎであって，クロージング後に，やはり買い手が新制度等を準備しなければならないことは変わらない。

なお，売り手・買い手双方の工数削減の対策の目玉として，売り手と買い手のベネフィットブローカー間で，売り手の許可（Letter of Authorization）を得て情報を直接やり取りする方法がある。これにより，売り手が各国の従業員別の情報を吸い上げて，買い手に開示する必要がなくなる。買い手は，売り手のブローカーを通じて詳細情報を入手できるので，これと同等の保険を手配するなど，具体的な依頼をすれば，すぐにでも検討を始めることができる。

また，売り手の使っているペイロールベンダーを買い手も使う場合は，同様に売り手の許可に基づき，ペイロールベンダーの社内で情報を共有し，同じものを作ってもらうことができる。

| 図3−5 | 典型的な組織・人事のスタンドアロンイシュー |

確認項目	概　要
従業員保険	医療保険，生命保険，障害保険等の従業員を対象とする保険
退職金年金制度	国により，退職金年金制度をTSAとするには，売り手側で規約変更等煩雑な手続きが必要となり，売り手がTSAに合意しない（TSAが使えない）ので，注意
その他福利厚生制度	しばしば，通勤バスや食堂等，従業員の労働環境に深く関わる制度が用意されている。すぐに手配することが難しいものもあるので，TSAのリストから漏らさないように注意
ペイロール（給与支払いシステム）	他の項目と密接に連動しており，注意が必要。クロージング後，最初の給与支払いがきちんとでき，その後も毎回（隔週払いなどもあり）問題がないことが非常に大切
HRIS（人事情報システム）	他の項目と密接に連動しており，注意が必要。オンプレミス型など複製の難しいシステムを売り手・買い手で使っている場合，また基幹システム以外に，勤怠管理やプロジェクト管理といった細かな外部アプリケーションなどを利用している場合など，細心の注意を払う
人事関連サービス	売却とともに人事部門や人事担当者が移らず，買い手側でも準備できない場合，人事関連サービスのTSAが必要になることがある

⑷　TSA

　図3−5は，そのまま，組織・人事の典型的なTSA項目でもある。売り手と買い手は，TSAの対象項目に加えて，提供されるサービス内容・水準，期間，対価について，具体的に合意する。

　さて，TSAは有償であるから，買い手としてはできれば使わずに済ませたい。もとより売り手も，TSAに応じることなく，手離れよく売却を完了して次の課題に着手したいところである。もっとも，買い手に泣きつかれればTSAには応じるが，十分な対価を要求するのは当然のことである。

　このように，TSAには売り手・買い手ともに必要最小限にしようとする力学が働く。しかし，項目別にTSAの要否を判断して最小限にすると，より大きな不都合が生じる場合がある。具体的には，ペイロール，ベネフィットおよび年金については一体的に考え，このうちの一部（どうしてもクロージングに

96

間に合わないもの）だけにTSAを使うのではなく，どれか1つでも間に合わないのであれば，全部TSAを使うのが合理的，ということがある。

　なぜかというと，ペイロール，ベネフィットおよび年金は，毎回の給与支払い時の人事業務で密接に関係しているからである。**図3−6**のとおり，ペイロールとベネフィットと年金は，1人ひとりの従業員の年金拠出金額やベネフィット保険料を給与控除し，税額にも反映する必要がある。このため，毎回，個人別に最新データの受渡しを行わなければならない。

図3−6　ペイロール・ベネフィット・年金の各ベンダーと買い手の関係

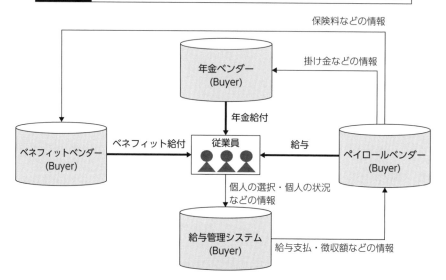

　もし，この3つのいずれかにおいてTSAを使うと，TSAの開始時の運営事業者（ベンダー）間，つまり売り手の運営事業者と買い手の運営事業者が混在するフォーメーションで毎回給与計算を行うことになり，プロセスが非常に煩雑となる。

　このため，3つのうちどれか1つでもTSAの対象になる場合は，3つすべてをTSAの対象として，これまでうまく動いていた3つのデータ連携を維持し，準備ができたら3つを同じタイミングで切り替えるほうが，売り手に支払

うTSAの対価は増えても，トータルでは良い選択肢となる可能性が高い。

　なお，米国やカナダでは，年金をTSAの対象にしようとすると，年金規約を複数事業主制度（Multi-Employer Pension Plan）に変更する必要があり，大変な負荷がかかるため，売り手は通常，年金のTSAに応じない。したがって，クロージングまでの期間を十分に取って買い手の年金設立を間に合わせるか，あるいは前述のEmployee Leaseを使って，クロージングはするが従業員は当面移さないこととするかが選択肢となってくる。

⑸　経営者・重要従業員のリテンション

　クロージング後のリテンションについては，報酬パッケージを含めて買い手が検討し，本人にオファーするのが基本である。しかし，カーブアウト・売却の場合，対象事業のトップは売り手のExecutive未満の一般従業員，ということが普通で，そうなると，売り手が上場企業であっても，公開情報以上の情報を開示しない限り，現行報酬条件がわからない。

　一方で，特に欧州では個人情報保護の観点から，報酬条件の開示に慎重であり，情報が開示されないため買い手は検討を始められない。大型のカーブアウト・売却では，サイニングからクロージングまでの期間が12か月や18か月といった長いものになる。いつまでも対象事業の経営者のリテンションが固められないのは，非常に不都合である。

　このようなことが予見される場合には，売り手がリテンションプラン（新報酬＋α）を設計して，買い手に提案するアプローチも合理的である。買い手としては，十分に説明を受けるのは当然であるが，合理的な提案と判断できるならば，これに応じて対象事業の経営者のリテンションを早期に図り，PMIに向けて動き始めるのが全体として得策である。

　なお，このとき，売り手のリテンション提案の対象期間を，例えばクロージング後1年まで，すなわち買い手が考えるリテンション期間を含むものにして，コスト負担をクロージングまでの期間は売り手，クロージング後の期間は買い手とすれば，一度のオファーで，かなり先まで経営者のリテンションを固める

ことも可能である。

2 既存子会社／事業・資産を移管した新設子会社の株式売却の場合

　本節では，既存子会社の売却，および対象事業を移管した新設子会社の売却について，前節で述べた事業譲渡と対比する形で説明する。

　図3−7に，その対比を示した。

図3−7　既存子会社／対象事業を移管した新設子会社の株式売却

	従業員移管	従業員制度 サービス・機能・組織	その他留意点
(0) 事業譲渡	● 売り手に送り出し責任 ● 買い手に受け入れ責任	● スタンドアロンイシューがフルセットで発生 ● 買い手責任	● 売り手と買い手間のコミュニケーション負荷が高くなる
(1) 既存子会社の株式売却	● 原則的に発生しない	● 本社／シェアードサービスの提供役務に発生 ● 責任主体は協議・交渉	● しばしば，他の子会社の人材や事業をセットで売却することがある。その場合は，(0)や(2)との組み合わせとなる
(2) 対象事業を移管した新設子会社の株式売却	● 売り手責任	● スタンドアロンイシューがフルセットで発生 ● 立ち上げ責任はその他留意点に記載	● 売却プロセス開始前に分離する場合：スタンドアロンイシューへの対応は，すべて売り手責任 ● 売却プロセス開始後に分離する場合：買い手の意向あるいは交渉により，買い手がスタンドアロンイシューに対応することもある。その場合，新処遇条件の設計のため双方の協力が必要

　事業譲渡を簡単に振り返ると，従業員移管については，買い手に受け入れ責任があるだけでなく，売り手には送り出し責任がある。従業員制度や，サービス・機能・組織のスタンドアロンイシューはフルセットで発生し，買い手がこれをクロージングまでに手当する責任を負う。ただし，売り手は買い手が必要

な情報を開示し，協力し，進捗を注視する。

　前掲図１－４に事業譲渡における売り手と買い手の役割分担を追記したものが，**図３－８**である。原則，多くの責任は売り手のものとなるが，子会社を新設するタイミングおよび買い手の意向によっては，双方協力しながら新処遇条件の設計・立ち上げをする場合もある。

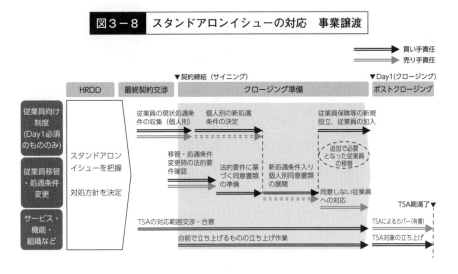

図３－８　スタンドアロンイシューの対応　事業譲渡

(1)　既存子会社の株式売却の場合

　図３－７に戻って説明すると，既存子会社の株式を売却する場合は，従業員は既存子会社と雇用関係があるので，原則的に従業員を移管する必要はない。

　もっとも，出向者については，何もしなければ移管されない。出向者がいる場合に，その移管の必要性は買い手にあったり，売り手にあったりする。したがって，必要性を感じるほうから相手に協議を持ちかける。

　また，既存子会社にある従業員制度や，サービス・機能・組織は，株式売却によりそのまま移管するので，これらに関するスタンドアロンイシューは発生しない。

　しかし，売り手本社や，売り手グループのシェアードサービス会社が提供している従業員制度や，サービス・機能（さらにそれを担う人員・組織）は，株式売却の対象に含まれない。したがって，このようなものがある場合は，ここにスタンドアロンイシューが発生する。

　スタンドアロンイシューを手当する責任主体は，売り手と買い手で協議して決める。自分のほうでやるとなれば，忙しい中でリソースを割き，進捗や仕上がりの管理もしなければならないが，一方で，自分でやるのだから，相手にやってもらうよりも，内容やコストが自分の意に沿うように仕上がる可能性が高い。

　しかし，さらに踏みこむと，買い手の指示どおりに売り手が作業する，という建付けもありうる。

　したがって，スタンドアロンイシューの手当をどちらがやるかは，協議・交渉の結果，売り手と買い手の力関係で決まる面（押し付け合い）もあるが，合理性や損得の観点から，どちらかがうまく引き取ってしまう面もある。現実的には，クロージング前は通常，買い手が対象会社に直接的には手を加えることができないため，時間軸を起点に双方協力し合いながら実行することとなる。

　もっとも，買い手がすでに持っている従業員制度や，サービス・機能・組織を使い，新設しない場合には，売り手から情報をもらうが，当然に買い手が行う。

　図3-9に，既存子会社の株式売却の場合のプロセスと，このような売り手と買い手の役割分担を整理した。図3-8と対比してご覧いただきたい。一点，従業員の移管はなくても，スタンドアロンイシューの手当に伴い，従業員の処遇条件の変更がありうる。処遇条件を変更するには，法的要件の確認から始まる図3-9中段のプロセスが求められる可能性があり，売り手・買い手ともに，最初に注意を払う必要がある。

　なお，しばしば，全体としては既存子会社の売却であるが，売り手本社や売り手の他の子会社に雇用されている人材，あるいは既存子会社に含まれない他の事業をセットで売却することがある。その場合は，当然に別パターンの手当

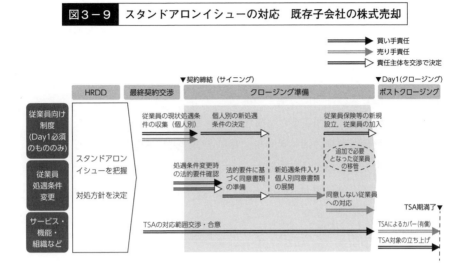

図3-9　スタンドアロンイシューの対応　既存子会社の株式売却

をしなければならない。

　具体的には，これらを既存子会社に移管してから，まとめて売却する場合は，次項(2)で説明するとおりである。また，既存子会社に移管しないで直接買い手に移管する場合は，前節１で説明したとおりである。

(2)　対象事業を移管した新設子会社の株式売却の場合

　これは，買い手が買いやすいように，売り手が子会社を新設し，自ら対象事業を移管し，スタンドアロンイシューの手当を完了した状態で，新設子会社の株式売却を行うものである。したがって，前項(1)とはフルセットで分離の手間が発生するところが違い，前節１とは発生する分離の手間の責任を負うのが売り手であるところが違う。

　ただし，売却プロセスの開始前に分離する場合と，売却プロセスの開始後に分離する場合では違いがあるので，この先は分けて説明する。

　ここで，売却プロセスの開始前とは，前掲図１-３の①平時の取り組みに当たる。さらに，②売却の設計や③売却プロセスの準備についても，売却プロセ

スの開始前である[2]。売却することが決まっているだけで，可能性のある買い手はまだ現れておらず，すべてを売り手の一存・勝手で進めることができるからである。

① 売却プロセス開始前に分離する場合

図3-7に戻って説明すると，まず従業員と新設子会社に移管しなければならない。従業員の移管には，送り出し責任と受け入れ責任が発生するが，ここでは両方とも売り手の責任である。

また，新設子会社には最初は何もないので，当然に従業員制度（処遇条件）や，サービス・機能・組織を一式用意し，そこに従業員を移管することになる。つまり，スタンドアロンイシューがフルセットで発生し，それをすべて売り手が手当する。

これを図示したのが，**図3-10**である。時間軸（横軸）は，他の図と違って，すべて売却プロセスの開始前である。

図3-10 スタンドアロンイシューの対応　対象事業を移管した新設子会社の株式売却（売却開始前に分離）

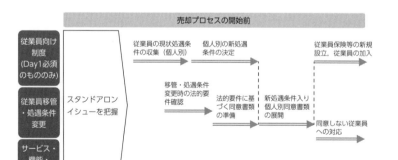

2　第2章1(6)「売り手側の執行体制の検討」を参照。売却プロセスの開始前は，担当メンバーを増やし，取れる情報も増やして検討できる可能性がある。

②　売却プロセス開始後に分離する場合

　前項①と違い，具体的な買い手がおり，買い手には買い手の都合があるので，買い手からすると，売り手の一存・勝手で従業員制度（処遇条件）や，サービス・機能・組織を一式用意してよいのか，という問題が生じる。

　そこで，交渉次第では新処遇条件の設計のため，売り手は，買い手からの情報開示や協力を得るプロセスを踏まなければならなくなる可能性がある。また，買い手の意向によって，あるいは前項(1)で説明したような協議・交渉の結果，買い手がさらに踏み込んで，自らスタンドアロンイシューに対応する可能性もある。

　このような買い手の取りうるスタンスの幅を，**図３−11**では買い手の矢印を点線にして表した。

図３−11　スタンドアロンイシューの対応　対象事業を移管した新設子会社の株式売却（売却開始後に分離）

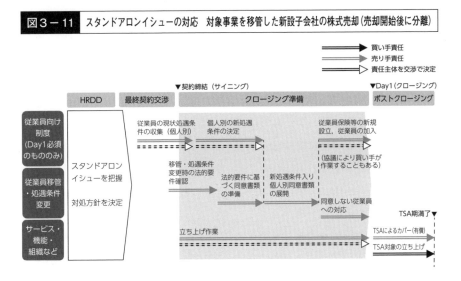

　なお，これまでも本書を通じて述べてきたことだが，売り手は本来的に買い手の都合を考える必要はなく，DA交渉時に買い手から対案を持ちかけられない限り，自社の経済合理性に従って主張をすればよい。ディールの規模次第では，売り手が手持ちの情報で手早くやってしまったほうがスムーズなケースと，

買い手に情報提供を行って制度設計を委譲し，従業員説明の際のみ協力するというケースがある。

3 ▏事例紹介

それでは，ここで具体的な事例を3つ紹介して，本章で取り上げた論点の一部を立体的に振り返る。

(1) 売り手がDAサイニング後の工数を徹底的に削減した例

本件は，カーブアウト・売却の類型としては事業譲渡であり，対象国の買い手拠点（既存／新設）に従業員を移管するものである。対象国の数は20近いが，従業員数が一桁の国もある。

売り手は，買収・売却の両側の経験が豊富で，本件売却対象が魅力的であることについては自信があり，DAサイニング後の自社の工数を徹底的に削減すべく，交渉の当初から一貫して強気の姿勢を貫いた。TSAを拒否したほか，DAサイニング後，TSAなしでクロージングを迎えるべく，急いで新処遇条件を設計しようとする買い手からの情報開示請求に対して，開示情報を絞り込み，開示する情報の正確性には目をつぶり，開示のタイミングも大幅に遅らせた。

また，従業員が少ない国については，影響を見切って，個人別の情報は開示せず，Employee Handbook（制度のあらましを書いた従業員向け手引き）を開示するに留めた。

さらに，工数削減を全社で徹底するため，情報開示は本社HRで厳格にコントロールし，買い手が売り手のローカルHRに接触することを，買い手が従業員にオファーするギリギリまで，厳格に禁じた。買い手に接触を許してしまえば，ローカルHRに工数が発生するほか，ローカルHRから本社HRに伺いが来るので，本社HRの工数も増えてしまうからである。表向きの理由は，何でもよい。

買い手は，売り手の対応が意図的なもので，いくら話し合っても変わること

はなく，またDA合意内容で解決できるものでもないと理解するに至り，目的
関数を従業員移管の「事故の未然防止」から，起こってしまう事故の「ダメー
ジコントロール」に切り替えた。

　買い手の経験値は非常に高く，最善の準備をしたうえで，オファーの現場で
当該従業員と，立ち合っている売り手のローカルHR担当者を前にして，その
場で得られた正しい情報をもとにオファーを修正・最終化したり，残る問題の
解決をDay 1以降に先送りすることを提案・合意するなどした。非常に慌ただ
しかったものの，ほとんどの従業員が期日までにオファーに応じ，事業に大き
な影響なく，クロージングを迎えることができた。

　一方，売り手は当初の目的どおり，DAサイニング後の自社の工数を最小に
して，売却完了に成功したのである。

(2) DAサイニング後，売り手が買い手の状況を見て柔軟に対応した例

　本件は，カーブアウト・売却の類型としては，売り手が新法人を設立して事
業と従業員を移したのちに，株式売却するものである。

　ただし，買い手は対象国に子会社を持ち，そこにベネフィット・年金・ペイ
ロール・HRISを持っていた。そこで，完全に売り手の一存で従業員の新処遇
条件を設計し，従業員へのオファー・雇用の移管を行い，併せてベネフィッ
ト・年金・ペイロール・HRISを新法人に立ち上げるのではなく，買い手が，
現況の情報を売り手に開示し，売り手はそれをもとに新処遇条件の設計，従業
員へのオファー・雇用の移管，さらにベネフィット・年金・ペイロール・
HRISの立ち上げを行う，という役割分担とした。

　なお，売り手は，買収・売却の両側の経験が豊富で，今回のカーブアウト・
売却の内容に合わせて，上記のスキームを提案し，買い手と合意した。

　一方，さまざまな事情が積み重なった結果，一連のタスクの起点となる買い
手側の現況の情報開示が大幅に遅れた。このため，売り手は，従業員の新処遇
条件設計ができず，下流工程である従業員の移管と，ベネフィット・年金・ペ

イロール・HRISの立ち上げも着手できなかった。そして，このような緊迫した状況のなかで，クロージング日が迫った。

　本件では，クロージングの延期は，いくつかの理由で選択されなかった。そこで，売り手から買い手に提案されたのは，クロージングはするが，その後の一定期間，従業員と従業員周りの制度等の一式を売り手に置いたままにして，買い手のものとなった事業を操業するEmployee Leaseであった。

　Employee Leaseにより当面操業できる状態を確保し，クロージングを行って，対象事業と新設された法人を買い手に移した。そして，そこからは買い手が自分で，従業員の新処遇条件を設計し，オファー・雇用の移管を行い，併せてベネフィット・年金・ペイロール・HRISを立ち上げた。

　本件では，従業員の移管が当初の計画どおり進まなかったのであるが，クロージングを遅らせることなく，最終的にあるべき地点に到達した。もっとも，Employee Leaseによって従業員感情面で大きな問題が出ないように，買い手はコミュニケーションに念を入れる必要があった。

(3) DAサイニング後，買い手が売り手の状況を見て柔軟に対応した例

　本件は，カーブアウト・売却の類型としては事業譲渡であり，対象国の買い手拠点（既存／新設）に従業員を移管するものである。対象国の数は20近いが，従業員数が一桁の国もある。

　売り手は，全社的なM&A案件の経験値は高いが，他にも大きな経営課題があったため，本件にアサインできたチームには制約があった。そこで，DAサイニング直後から，対象従業員の大半を占める上位２か国のクロージングに専念し，他の国はクロージングを遅らせる可能性を伝えたところ，コロナ禍の状況もあり，買い手の理解が得られた。

　一方，買い手はEmployee Leaseの提案を行い[3]，協議の結果，事業の観点か

3　売り手・買い手双方の基本動作として，対象国のそれぞれでTSAやEmployee Leaseが選択肢となるのか，早期に掌握しておくことが推奨される。

ら買い手がクロージングを遅らせることができない国では，Employee Lease
を実施してクロージングした。

第4章

事業再編を見据えたHR機能の
プラットフォーム化

1 将来的な再編に耐えうるHRの全体設計思想

(1) コアとノンコアの峻別

　本書の冒頭でも述べたとおり，現代では事業ポートフォリオのレビューと，コア・ノンコア事業の峻別を定期的かつ継続的に行うことが求められる。元々事業を新規設立，または買収した時は，その事業は紛れもなくコア事業であろう。プライベート・エクイティなどのケースを除くと，売却前提で事業を買収したり設立することは考えにくい。

　事業買収は時として夫婦の結婚に喩えられることがある。当然，離婚前提で結婚する夫婦などいるはずがなく，健やかなるときも病めるときも添い遂げるつもりで結婚する。しかし，時の移ろいとともに，夫婦のお互いの価値観の相違や，仕事等の外的要因によって夫婦関係を維持するのが困難になることもある。そのようなときに，「子はかすがい」といわれるように，さまざまな要因が関係を継続するか離婚するかを判断するうえで関わってくる。

　事業会社にとって「ヒト」の問題は，時に夫婦にとっての子供のような，かすがいに喩えられるのかもしれない。

　会社にとってノンコアとなった事業は，切り離して売却し，コア事業として迎えられるほうが，売り手にとっても買い手にとっても，そして当の従業員に

110

とっても本来は幸せなはずである。にもかかわらず，事業売却に際して逡巡してしまう一因には，その事業の従業員に対する後ろめたさのような思いもあるのではないだろうか。

　従来の日本型のいわゆるメンバーシップ型雇用においては，雇用の保障が従業員にとって大きな価値として位置づけられてきた。すなわち，会社が異動や配置等における人事権を有し，これを行使する見返りとして，生涯にわたっての雇用が保障されてきた，という背景がある。そのため，従業員の観点からも，大企業の一員であることはすなわち雇用の安定につながり，かつ，社会的な信用としてみなされるのは周知のとおりである。ある意味，大企業の一員であるということ自体が，いわゆる"Employee Value Proposition（EVP，従業員にとっての雇用の価値）"にほかならない。

　それまでの関係が長ければ長いほど，従業員の期待値も，そしてその期待を「裏切る」ことになる会社の苦悩も大きくなることは想像に難くない。それはカーブアウト（事業切り出し）によって大企業の一部から小規模の会社になるということだけではなく，安住の地と目していたコミュニティから追い出すような感覚を覚えることに対する，一種の罪悪感のようなものだろう。

　しかし，当然ながら情緒的な困難により，合理的なビジネス判断が阻害されてはならない。事業売却はその事業の従業員に対する裏切りではなく，彼らにとっても合理的な判断である。ノンコアと位置づけられた事業が投資の対象となることはありえず，特に若い従業員の先のキャリアを思うのであれば，その事業をコアとして扱ってくれる先への売却という未来のある選択こそが，従業員に対して誠実な態度といえる。綿密なコミュニケーションを講じるうえでの検討ポイントではあるが，決して外してはならない「かすがい」ではないと肝に銘じるべきであろう。

　さらに，事業売却にあたっての組織・人事的な困難とは従業員の心情のみに留まるものではない。

⑵　事業ポートフォリオと有価証券ポートフォリオ

　一般の投資家やファンド等の機関投資家が組む有価証券等のポートフォリオを比較して，事業会社が組む事業ポートフォリオ（あるいはプロダクトポートフォリオ）にはどのような違いがあるのだろうか。

　1つ目の大きな違いは，投資先同士の横の連携の可能性であろう。有価証券のポートフォリオであれば，例えばマーコウィッツの現代ポートフォリオ理論によると，リターンの平均と分散のみが重要視され，投資先の会社間で連携するようなことは目指さない（し，規模次第では望むべくもないだろう）。

　一方，事業会社が事業に投資する場合は，既存の事業間とのいわゆるシナジーを創出することが求められる。それはPMI等を通じた，生産機能の統合や調達機能の統合によるコストカット，あるいは営業機能の統合によるクロスセル・アップセルの追求，もしくは現在保持しない技術を手に入れることによる付加価値の創出等，株式の保有のみでは実現できないことを事業への投資では実現できる。

　逆の言い方をすると，そのような機会の追求を行わないのであれば，事業会社が投資をする意味はない。株主や投資家が自分でできることを，わざわざ事業会社に投資して行うことに意味はないのである。

　すなわち，事業会社が会社を買収するということは，程度の差こそあれ，買い手の事業のエコシステムに買った会社を取り込む，ということを意味する。

　その帰結として，2つ目の大きな違いは，事業の売却はスムーズにはいかない，ということである。有価証券などであれば，流動性の高い市場があればまったく問題はなく，仮に流動性の低い資産クラスでも，売り手と買い手をつなげれば，売買は成立する。

　一方，事業会社であれば，自身のエコシステムに取り込んだ機能や組織を切り離すという作業が必ず生じる。これは事業会社の買収の宿命として，上記のとおり効率化や相乗効果を狙うのであれば，避けて通れない。そして，コア事業として保有する期間が長ければ長いほど，分離する作業は困難なものになる。

　例えば，プライベート・エクイティなどが事業買収する場合は，エグジットを見据えてスタンドアロン化を前提にバリューアップを目指すため，短期的なレガシーが生じるリスクも低い。しかしながら，長期的に事業を保有すると，売り手の文化やレガシーが対象事業に浸透し，分離が困難になる。インフラや人事制度というハードの問題もさることながら，前述のカルチャーやマインドセットといったソフトの問題が大きい。

　いずれにせよ，事業の新規設立あるいは買収，バリューアップ，ノンコア化と売却，という一連の流れの中で，人事制度を含むスタンドアロン化に要する手間と時間は膨大なものになる。（図4－1）。

図4－1　事業のライフサイクルとトランスフォーメーション

買収→価値創出→売却の一連の流れは継続

事業設立・買収　　バリューアップ　　ノンコア化　　スタンドアロン化

- 法人・組織統合
- Vision/Mission/Value の共有
- 事業効率化，コスト削減
- 新技術の転用

Exit
（売却・IPOなど）

　だからこそ，事業売却を念頭に置いた人事・組織上の課題を平時のうちに整理し，準備しておくことが何よりも求められる。有事に突入してからどうするかを考えるという場合は，売るほうが買うほうよりもはるかに困難を伴う，ということを認識しておくべきである。

⑶　「売りやすい人事制度」と「売りにくい人事制度」

　人事制度の設計自体も，事業を売りやすくも売りにくくもする1つの原因となりえる。というのも，人事制度は売り手の哲学やレガシーが大きく作用する領域だからである。

　1つ例を挙げると，マネジメントから営業まで，すべての従業員の給与が固

定給のみで成り立っている会社があったとする。もしこの会社が全事業をコアとして未来永劫運営していくのであれば，会社の考えに合致しているため何の問題もない。しかし，何らかの事情で一部の事業を切り出して売却することになった場合は，あまりに市場慣行と離れた人事制度を保有していると，それが足かせとなって売却が困難になることがある。

　それは，売却価格が引き下げられるという金銭的な問題というよりも，変動賞与の導入のような買収後の変更が困難になることが予見されている場合，その手間とリスクを買い手も敬遠するケースが生じる可能性があるということである。市場慣行と比して極端に違う制度を保持する場合は，買い手側の意欲が大幅に削がれることも念頭に置いておくべきであろう。

　また，そのような市場慣行から逸脱した制度を，人事哲学としてあえて保持しているケースだけでなく，単に過去からのレガシーで残ってしまっているというケースも往々にして見かける。このようなケースによると，売り手が認識しつつ本来行うべき人事制度の瑕疵を，買い手に押し付けることになる。

　仮にこれが一部事業の売却だとすると，そのような瑕疵を買い手に押し付けた分，価格に悪影響を及ぼしたうえに，残った事業にはその瑕疵が残ったままということにもなりかねない。対応すべきレガシーを残したまま，「売りにくい」人事制度込みで売りに出し，本来の事業価値を毀損する負ののれんとしてしまっている状態で，株主に対する説明責任を全うしたと果たしていえるのであろうか。

　その一方で，売却を見越して「売りやすい」人事制度へ移行することもいうほど容易ではない。元々改定しにくいからこそレガシーとして残ってしまっているわけで，事業売却の計画を社内で明らかにせずに意図を伏せて制度改定を行うということが大変な困難を伴うことは容易に想像できるだろう。

　つまりは，普段からの準備が肝要である，ということである。事業売却はいつ起きるかわからないが，いつか必ず起きるということを前提として，普段から人事制度のみならず，組織やオペレーション，タレントマネジメント等，人事領域全体を俯瞰して，事業売却の際のボトルネックとなりそうな課題に対し

114

て「当たり」をつけておく。言わば，有事に向けての平時の備えである。

　これらの基本的な考え方をもとに，以降に平時において検討すべきポイント
の概要を整理し，次章以降で各項目について詳細を解説する。

⑷　事業売却時に想定されるクリティカルな組織・人事上の課題の整理（平時）

　マーサーが2021年に公表した，「People Risks in M&A」という報告書によ
ると，デューデリジェンス時に買い手が最も重要視する組織・人事上の課題は，
「リーダーシップチームの構成」，「キータレントのリテンション」，そして「組
織と企業文化のフィット感」であった（図4-2）。

図4-2	デューデリジェンス時に買い手が重視する組織・人事上の課題 〜事業買収における組織・人事に関する5大リスク〜

```
①　キータレントのリテンション
②　組織と企業文化のフィット感
③　リーダーシップ・チームの質と構成
④　報酬とベネフィットの水準感
⑤　優秀な人材の判別と評価ならびに採用
```

出典：Mercer: "People Risks in M&A" 2021
　　　323名のM&A業界のプロフェッショナルを対象に行った調査の結果の一部抜粋

　買い手が重要視するということは，売り手としてはどのような情報を出すか
（または出さないか）を判断する必要が生じるわけであるが，このような情報
収集と判断は，平時から少しずつでも行っておくことが望ましい。

　当然ながら，いざ事業売却のプランが明るみになり，そちらにリソースを割
く必要が生じるからといって，人事の日常業務が急になくなるわけではない。
平時に忙しいからという理由でこのような準備にリソースを割けないのであれ
ば，さらなる時間のプレッシャーに追われる有事の際に，まともな対応を望む
べくもない。

　そのため，平時から適切に準備を行っておくことが望ましいが，いつその事

業がノンコア化することが定かではない中では，事前準備も中期的に常日頃からコア事業全体に対しても目を配っておくべき事項と，ノンコア化する判断が下された後に売りに出される前に準備すべきことを，適切に分類することが求められる（図4-3）。

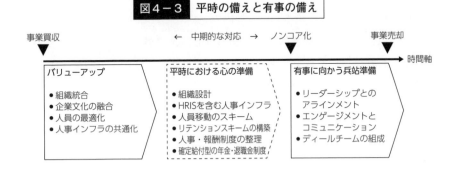

図4-3　平時の備えと有事の備え

ここでは各項目について概要を説明し，詳細については本章2から4で触れることとする。まず初めに，コア事業のうちに平時から取り組むべき施策について説明する。

①　組織設計

カーブアウトの場合は組織の切り出しのため，スタンドアロンイシューが生じやすいが，すでに独立した法人格を売却する場合であっても，何らかの課題が生じる。それはコアのグループ企業であれば，何らかの効率性を追求することが求められるためであり，人事制度や運営上で共通のリソースを用いるなど，分離に手間取る可能性が想定される。もちろん，そのようなスタンドアロン化が問題とならない場合もあるが，それは逆に平時の運営が最適化されていない可能性を示唆しており，それはまた別の問題である。

加えて，会社分割等の労働契約の承継の際に，「主たる従事者」の解釈に悩む，ということはM&Aに関与した人事関係者であれば誰しもが経験したことであろう。会社分割しての株式譲渡のスキームを講じる際は，スタンドアロン

化に伴う困難の解決責任は売り手に帰属するため，組織再編のスキームが決まってから慌てる，ということがないよう普段からの準備が望ましい。

② HRISを含む人事インフラのスタンドアロン化

組織設計とともに，人事インフラのスタンドアロン化に伴う困難も，あらかじめ想定しておくことが望ましい。社内で完結しているシステムであれば，切り出すのはほとんど不可能に近いであろうし，逆に外部から提供されているツールであれば，従業員データの互換性の観点から，買い手の制度にDay1から移行することは大変な困難を伴う。

結果，TSAを講じることになるが，資本関係のない会社の従業員，それも非常にセンシティブな情報を扱うリスクと面倒を考えると，多くの売り手がTSAの提供に難色を示す現場を嫌というほど見てきた立場からすると，売り手自身がスタンドアロン化に伴う困難をあらかじめ想定しておくことが必須といえる。

また，これは直接のスタンドアロンイシューではないものの，特にグローバル企業であれば，HRISがグローバル共通のプラットフォームとなっている場合のメリットは，事業売却などの際に痛感することであろう。本来の目的ではないものの，人事関連の情報が1か所にまとまっていることが，事業売却の情報開示の際にどれほど使い勝手の良いことか，身に染みたという方も少なくないのではないだろうか。

③ 人員移動のスキーム

どのように従業員を売り手の組織に移すかについて検討するにあたっては，事業売却のスキームはもとより，クロスボーダーのディールであれば，現地の法の定めなどで制約を受けるケースも多い。加えて，カーブアウト等の場合，主たる従事者の判別は容易であったとしても，切り出される事業の運営に部分的にのみ関与しているが，不可欠な人員，特にバックオフィス機能の人員の判別は非常な困難を伴う。

　仮に対象者を判別したとしても，本人たちが転籍に同意するかは別問題である。労働契約の承継等で個別同意を必要としない場合もあるが，その場合は当然ながら労働条件の承継が必須である。特にカーブアウトの場合は，同一の労働条件を規模の小さな事業で維持するうえでの困難を避ける意味から，あえて個別同意を取得しての転籍の道を模索することも選択肢となりえる。

　しかしながら，どれほど慎重に事を進めたとしても，予期せずして切り出し対象となる従業員の知るところとなる可能性はゼロではない。自分と所属する事業の周りには超えることのできない高い壁が張りめぐらされていると気づいた時に，従業員は大きなショックを受けるかもしれない。

　このような売却に際しての手順は，慣れた売主であれば大したことではないかもしれないが，売り慣れていない売り手にとっては，文字どおり手さぐりになることが多い。

　事業売却のスキームをあらかじめ知ることができない限り，十分な準備を行うことは困難ではあるが，来るべき日に備えて，考えておくべき検討事項を洗い出して，整理しておくことは非常に有益であるといえる。

④　リテンションスキームの構築

　M&Aによっては，優秀な人材の確保が買収の主目的となることもある。実際に，前述の「People Risks in M&A」という報告書によると，事業買収における組織・人事に関するリスクのうち，最も多いのは「キータレントのリテンション」である（前掲図4-2）。

　そのような場合，経営層に限らず，優秀人材の確保が売却価格までもを左右することも想定できる。したがって，優秀人材のリテンションは必ずしも買い手のみが考えればよいことではない。実際には金銭的手段，機会的手段，そして入念なコミュニケーションの組み合わせでキー人材のリテンションを図っていくことになる。

　通常，こういったリテンション策は，ディールが迫った段階で考えると思われるだろうし，実際にそうなってしまうことが多い。しかし，これは事前に準

備できることであり，なおかつ，ノンコアとなることが決まった段階から手を打つ必要がある。

　例えば，トランザクションボーナスを講じるにせよ，対象となる人員などの特定は，平時からタレントマネジメントの一環として定期的に行えることであるし，パッケージの設計などもあらかじめ検討しておくことはそれほど困難なことではないだろう。

⑤　人事・報酬・ベネフィット制度

　売りやすい制度と売りにくい制度があることは前に述べたが，だからといって売りやすくするために人事制度を変えよう，というのは現実的ではない。しかしながら，自社の制度が市場と比較してどう見られているのかは日頃から意識しておくべきである。

　雇用の流動性が増す中で，自社の報酬が市場と比較したときにどれほどの水準なのかを認識しておくことの重要性は年々増している。もちろん，事業売却のために市場ベンチマーキングを行うのは現実的ではないが，日頃から相場観を意識しておけば，いざ事業売却となった場合に人事デューデリジェンスで買い手にどのように受け止められるかを事前に認識することが可能となり，情報開示の要求に応えるかどうかなど，交渉の観点からも示唆を得られるはずである。

　また，給与であれば給与計算，各種ベネフィットは保険会社などの外部の金融機関等，事業売却に伴う人員規模の縮小が，切り出される事業のみならず，売り手の事業のコスト単価にも悪影響を及ぼす可能性が生じる領域が多い。特に，米国などでは医療保険が非常に高価かつ重要視されるため，売り手と買い手の双方へのコスト上の影響などは，あらかじめ下調べしておくほうが得策といえる。

⑥　確定給付型企業年金の債務の取扱い

　人事制度の中でも確定給付型の企業年金（DB）は債務性を持つため，人事

デューデリジェンスでも特に念入りに精査される項目の1つである。

　一昔前であれば，DBの債務は承継して当たり前であったが，今では可能な限りDBを避けたいと考える会社も多くみられる。こういった負のレガシーは，売り手と買い手双方ともできれば相手に押し付けたいと試みるケースが増えている。

　特に海外の企業はこの傾向が顕著で，外資による日本の事業切り出し・買収のようなスキームを講じる際に，DB年金の債務を承継したくないがために，あえて転籍によるスキームによって過去分を清算し，債務を引き継がないと考える会社もあるぐらいである。

　ということは，売り手にとっては一種の機会であるともいえる。売り手自身が年金債務を減らしたいと考えているのであれば，年金債務に対する抵抗感が少ない買い手に引き取ってもらうことも1つの考え方であろう。

(5)　具体的な売却の可能性に対して短期で準備すべき事項（有事）

①　リーダーシップとのアラインメント

　事業売却の意思決定後に，まず真っ先に必要なのは対象事業のトップとのすり合わせである。それは売り手のトップが講じるべき，対象事業のマネジメントへのしかるべき説明やエンゲージメントに留まらず，これから発生するであろう人事施策上の課題についても認識を共有し，協力を仰ぐところまでを含む。

　もっとも，その対象事業のリーダーが買い手からリテインされるかどうかは知る由もないため，売り手の観点からはディールが成立し，Day1を無事に迎えるところまでしっかりと責任を果たすことを当面目指すべきであろう。そして，そのリーダーに対する買い手のスタンスが明らかになり，売り手にも積極的にそのリテンションに協力してほしいという意図が伝達されることがあれば，キーマン条項などの交渉と並行して，売り手においてもさらなるリテンションの方策を検討することが，売り手と買い手の双方にとってのWin-Winを目指すということにほかならない。

　また，当然のことながら，次に述べる従業員のエンゲージメントの観点でも，

対象事業トップの積極的な関与は不可欠である。

② 従業員のエンゲージメントとコミュニケーション

　対象事業の従業員のエンゲージメントが重要となる理由は2つある。手離れ良く売却を完了するためと，売却事業の価値を高く保つためである。

　労働契約の承継やTUPE等，個別での同意取得を要さない転籍スキームも存在するが，さまざまな事情によりあえて個別同意のもと，転籍を行うケースもある。その場合，手離れの良い事業売却とは，転籍すべき従業員がスムーズに転籍することである。これは売り手の責任において行うことはもちろん，売り手にとっても対象の従業員に残られては無用な手間がかかるため，スムーズに転籍してくれることは両社にとって有益なはずである。

　また，従業員が売却に対して前向きな意識で臨むことは何よりも重要である。売却される側の心理というのは，売り手／対象会社が何もせず自然体で臨む場合は決してポジティブなものにはならない。だからこそ，従業員が前向きに受け止められるようにするためには甚大な努力を要する。従業員も頭では理解していても，心情的に納得するまではどうしても時間がかかる。丁寧に誠意を持ってコミュニケーションを行うこと以外に近道はない。

　それと同時に，売り手に残る従業員へのコミュニケーションも丁寧に行う必要がある。売却対象の事業の規模にもよるが，会社として「小さく」なるということは，雇用の安定というEVPの観点からは決して望ましいことではなく，明日は我が身と身構える従業員が出てくる可能性は否定できない。残った従業員を引き続きエンゲージするためにも，慎重なコミュニケーションが求められる。

　図4－4は，海外企業が事業売却にあたって，対象従業員に送ったメッセージの実例である。

図４－４	経営トップから従業員へのレター

米ヤフーのインターネット事業のベライゾンへの売却に際し，当時のCEOマリッサ・マイヤーが従業員へ宛てたレターの一部抜粋

「つい先ほど，我々はヤフーのインターネット事業をベライゾンへと売却すると発表しました。
（中略）
多くの企業がヤフーのインターネット事業に興味を示す中，ベライゾンこそが最も我々が創造した価値，そしてこの統合が我々の顧客，広告主とビジネス・パートナーにもたらす可能性について高く評価しています。
（中略）
これまでのヤフー再建の道のりは多くの不確実性に満ちていましたが，従業員の皆さんの忠誠心と熱意のおかげでさまざまな困難を乗り越えてきました。今年の上半期，ヤフーの業績は好調で事業目標を満たすだけでなく，数値目標を超過しました。しかし，数字だけでなく，この会社には数値で測れないような，サービスや商品に対する皆さんの熱意が存在します。それがヤフーを時代を象徴するような，誰からも愛される会社へと育て上げてきました。私はこの会社が成し遂げたこと，そしてそれを成し遂げたチーム１人ひとりをとても誇りに思います。」

出典：“Verizon to acquire Yahoo's operating business” 2016より一部抜粋し，マーサーにて意訳

③　ディールチームの構築

　最後に，売り手のディールチームにも人事関連の交渉事をきちんとまとめられる責任者を加えることを考えるべきである。一方で，社内の制度や従業員と文化，国内外の事業に精通した人間というだけでなく，交渉をまとめる交渉力と語学力，胆力と人間力など，総合的に持ち合わせた人間はそうそういるものではない。

　しかしながら，買い手のプロがいるように，売り手のプロもいるのが事実である。実際，マーサーなどのコンサルタント出身者が事業会社の人事，それもM&Aの担当などを担っていることは海外では珍しいことではないし，筆者自身も前職の同僚と売り手／買い手の立場で相まみえたこともある。

　日本企業の中にも事業買収を複数回行って，買収の経験が豊かな人材を抱える企業も増えてきたが，事業売却，しかもクロスボーダーで経験を積んできたという人材は滅多にいるものではない。ただ，M&Aという交渉事においては，適任者がいないというのでは話にならず，やはり小規模の案件などへのアサインを通じて経験をディールチームに集約させて，売り手のプロを人事領域でも育てるという意識を持つべきである。社内人材を補完する，専門性の高いHRアドバイザーを早期に起用することも十分に考えられる。

　事業売却は一度行ったらそれでおしまいというわけにはいかない。事業変革のライフサイクルの中で，サイクルの長短はありつつも，必ずその時は訪れ，そして複数回にわたって経験するであろうことがある意味で約束されている。知見と経験と自信を人事領域においてもディールチームに意識的に集約することが，結局は売り上手への一番の近道といえる。

2 ┃HRのプラットフォーム化とHRガバナンス──人事制度

　デジタル化やグローバル化，少子高齢化，さらにCOVID-19など，経営環境が激変していく中で，戦略実行の担い手である人材をいかに引き付け，いかに引き止めていくかが，競争を生き残るためには重要となる。そのためには，環境変化に対応することと同時に，会社が従業員に提供する価値（EVP：Employee Value Proposition）（図4−5参照）を明確にし，エンゲージメントを引き出すことが求められる。

　経営環境の変化に対応できる人事制度を備えておくことは，事業再編・事業売却への備えにもつながる。本節では，その経営環境の変化に対応できる人事制度を従業員のエンゲージメントを高める観点も交えて説明する。

---

(1)　いま，人事制度に求められていること

(2)　経営環境の変化に対応できる人事制度の概要

(3)　事業再編における人事制度上の論点とその対応例

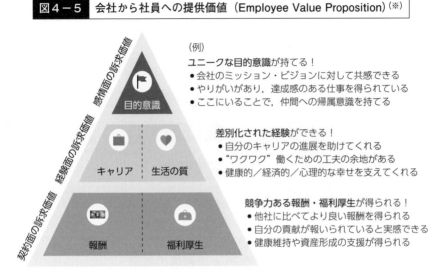

図4−5　会社から社員への提供価値（Employee Value Proposition）(※)

（例）

ユニークな目的意識が持てる！
- 会社のミッション・ビジョンに対して共感できる
- やりがいがあり，達成感のある仕事を得られている
- ここにいることで，仲間への帰属意識を持てる

目的意識

差別化された経験ができる！
- 自分のキャリアの進展を助けてくれる
- "ワクワク"働くための工夫の余地がある
- 健康的／経済的／心理的な幸せを支えてくれる

キャリア　生活の質

競争力ある報酬・福利厚生が得られる！
- 他社に比べてより良い報酬を得られる
- 自分の貢献が報いられていると実感できる
- 健康維持や資産形成の支援が得られる

報酬　福利厚生

感情面の訴求価値
経験面の訴求価値
契約面の訴求価値

（※）　EVP（Employee Value Proposition）とは，会社が打ち出す目的意識に対する社員
　　　からの共感，キャリアや生活の質（健康を含む），報酬・福利厚生などを総合した，
　　　会社から社員への訴求価値を示す。

(1)　いま，人事制度に求められていること

　経営環境が激変する中で組織に求められることは，その変化への敏捷性や柔軟性を備え，新たな勝ちパターンを創出し続けることである。そして，その組織を支えるインフラとしての人事制度にはその変革の担い手となる人材を効率的に輩出していくこと，人材ポートフォリオの組替えが柔軟に行えること，多様性による創造をサポートできることが求められる。

　事業再編に備えて人事制度を構築することはあまり有意な取り組みといえないが，事業ポートフォリオの最適化に起因する事業再編も，経営環境の変化に対応する施策の1つであると考えれば，変化に対応できる組織を支える人事制度を整備しておくことは，事業再編を見据えた準備の1つともいえる。

　本章では，等級制度，評価制度，報酬制度といった基幹的な3つの制度に加えて，採用，配置，育成といった人材マネジメントフローの施策についても触

124

れる（**図4－6**参照）。

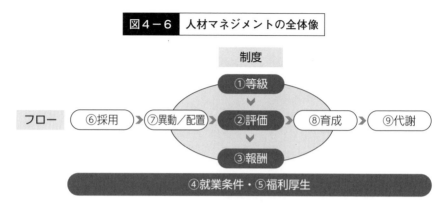

図4－6　人材マネジメントの全体像

制度

①等級
②評価
③報酬

フロー　⑥採用　⑦異動／配置　②評価　⑧育成　⑨代謝

④就業条件・⑤福利厚生

(2)　経営環境の変化に対応できる人事制度の概要

　前述のとおり，人事制度に求められるのは，敏捷性や柔軟性を持つ組織を支えることである。そのためには，長らく日本においてベースとなってきた終身雇用を前提とした会社主導のローテーションや年功色のある報酬，属人的な手当てなどを排除し，自律的なキャリア形成をサポートする制度が必要である。

　事業再編の現場においても，終身雇用を標榜してきた会社では，事業の売却後も従業員の生活を守ることにも責任があるとの方針のもと処遇条件の交渉が行われる。しかし，この変化の激しい環境の中で，未来永劫，会社が個人のキャリアに責任を持つことは困難であり，それよりは従業員1人ひとりが自らのキャリアを開発していくことを後押しする施策を講じていくことのほうが，従業員にとって本質的なサポートになると考えられる。以下では，図4－6に記載した人事制度について触れていく。

①　等級制度

　経営環境の変化に対応するため，等級制度においては，戦略と連動した人員管理のしやすい等級の基軸を採用することを推奨する。例えば，個社独自の主

観的な能力基準による等級格付けから，役割・職務ベースの客観的な格付けへの転換などが考えられる。

　事業売却にあたっては，買い手からすると取得する事業の継続性がまず重要であり，さらに将来的な成長が見込めるか，それらを担う人材が充足しているかという点が関心事である。契約交渉の際に，キーパーソンを特定して過不足なく移管することを条件に設定することも多く，事前にキーパーソンを把握しておくことが重要になる。事業にとって重要なポジションとその要件，実際にどのような人材がそのポジションにアサインされているかを整理しておくことでスムーズかつ受け身ではない交渉が可能になる。そのような観点からも役割・職務ベースに格付けする仕組みが望ましい。

②　評価制度

　評価制度は，その目的の重点を報酬決定に置くのか，人材開発に置くのかによって望ましい仕組みやプロセスは変わってくる。

　報酬決定に重きを置く場合は，評価要素を厳密に設定し，評価項目ごとの点数を緻密な計算ロジックで評価点を算定し，昇給や賞与の原資の配分のために厳格な分布規制による相対評価を通じて，最終的な評価（評語）を決定するという仕組みが多くみられる。

　公正に原資が分配されるというメリットはあるものの，評価をするマネージャーにとっては，思いもよらない評価（評語）となることも多く，育成の場面ではそのままでは活用しにくいといったデメリットも生じるため，育成の観点からは運用の中で工夫していくことが主な対応方法になる。

　企業によっては，評価の帳票とは別の育成のための帳票を用意して管理するといった複雑な構造になっているケースもみられる。

　一方で，人材開発に重きを置く場合は，育成に資する材料を振り返って参照できる仕組みであることが必要である。さらに評価結果のフィードバックを通じた育成を行ううえでは，透明性のある評価決定プロセスと評価期間中も対話重視の運用とすることが重要となる。

　事業再編の際には，売り手によるキーパーソンの特定に評価結果を活用することもあり，評価の履歴や個別に特別な調整を行った場合の記録が必要となる。

③　報酬制度

(i)　シンプルな報酬体系，報酬決定ルール

「事業再編に備えて」という観点からだけでなく，採用時に提示する処遇条件をわかりやすくすることで，採用プロセスをスムーズに行えるなど，高まる人材の流動性への対応の意味からも，何のために報酬を支払うのかを今一度整理し，よりシンプルな報酬体系へのアップデートをお勧めする。

　報酬は労働に対する対価であると仮に定義するならば，職務の内容や役割への期待レベル等に応じて設定される基本給と，会社や事業，個人の業績・評価を反映するインセンティブ／賞与のみといった極めてシンプルな報酬体系がよりふさわしい。なお，業務内容や業界特有な事情でのハードシップに対する手当を設定することは労働に対する対価の範疇とみなせるだろう。

　一方で，従業員の生活状況や家族の状況等に応じて支給するいわゆる属人的な手当は見直し・廃止を検討すべきである。例えば，住宅費用の補助としての住宅手当，家族人数による生計費の違いに対する補助としての家族手当等は，労働に対する対価という支給意義からすると合致しない。さらに，ある程度の年齢になったら結婚して，子供を設け，住宅を購入するといった画一的なライフプランを想定している点も，多様化する従業員のライフプランや志向性へ対応しきれていないといえる。

　個別対応ケースがある場合は，事業売却時のデューデリジェンスでは買い手から質問される可能性が高い。さらに，従業員個々の処遇を維持する観点においても，個別対応の有無とその内容については事前に整理しておくことをお勧めする。従業員の多くは賃金規程等のルールに基づき報酬が決定されているはずだが，必要に迫られて例外運用をしているケースもあるだろう。

　例えば，基本給について上限額・下限額を持つレンジ管理の仕組みを採用している場合において，上限額を超過している場合に「降格や職務変更に伴うレ

ンジ変更時の激変緩和措置中である」，あるいは，下限額に到達していない場合に「昇格のペースが速いものの，昇給限度額の制約によりキャッチアップするために2年かかるため」などといった根拠を説明可能な状態にしておく必要がある。

(ii)　マーケットを意識した報酬水準

　優秀な人材を引き付け，引き止めるために魅力的な報酬水準を設定することが求められる。事業再編や事業売却の際には，売り手が現行の報酬水準の妥当性を説明することが可能であれば，売却後に買い手が報酬水準を切り下げる事態になることを回避できる可能性が高まる。そのためにも定期的にマーケットでの報酬水準をモニタリングしていくことが重要になってくる。

(iii)　業績指標と連動した報酬設定の必要性

　最適な事業ポートフォリオをよりスムーズに実現していくためには，経営資源をコア事業の強化や成長事業への投資に集中させるといった，事業ポートフォリオ最適化の必要性と各事業の業績状況を従業員が理解しておくことが重要である。定期的に経営陣からメッセージ発信を行うことは当然のことながら，理解度を深め，実感値を高めるために，事業ポートフォリオの評価に使われる業績指標と連動したインセンティブ／賞与制度を採用することも1つの方法と考えられる。

　すでに事業別の業績連動賞与を導入されている企業は，その導入目的が事業ポートフォリオの最適化の議論と連動していることを再点検することをお勧めする。事業別の業績連動賞与を導入されていない企業は，自社を取り巻く経営環境や事業の経緯，従業員へ与える心理的インパクト等を踏まえて，導入すべきかどうかを改めて検討してはいかがだろう。

　なお，必ず導入すべきというわけではなく，個社の事情を踏まえ，結論として導入しないということは十分考えられる。導入の是非を経営者や事業部門トップなどがこのテーマに関して議論しておくことがより重要である。

④　就業条件

　働き方改革の取り組みの流れに加えて，COVID-19という環境変化を受け，リモートワークやフレキシブルタイム制など柔軟な就業ルールの導入が進んでいる。企業が成長し続けるためには，従業員が心身ともに健康に業務を遂行するための配慮，環境整備が必須要件であることはいうまでもなく，各企業でもさまざまな取り組みをされていることだろう。留意すべきは，さまざまな施策を打ち出す際には一貫した考え方が必要となることである。

　なお，事業再編・事業売却の際は，買い手側の意向や就業条件によるため，従前とまったく同じ就業条件が維持できるとは限らない。ただし，強く維持すべきものがある場合には，導入した経緯や考え方，その効果を買い手側に伝えていくことは効果的である。

⑤　福利厚生制度

　多様性を尊重していくためには，押し付けではないことや得られる恩恵が特定の層に偏った制度でないことが福利厚生制度の思想として求められてくる。また，就業条件同様に一貫した考え方が必要であり，維持すべき制度については買い手側が納得できる説明が必要になる。福利厚生制度に関しては，グループ保険等，スケールメリットがあって成立する制度も少なくない。事業再編，特にカーブアウト・事業売却の際は取りうる選択肢について，事前に把握しておくことをお勧めする。

　さらに，事業再編の際に会社・従業員ともに特にインパクトが大きく，留意が必要な制度として，寮・社宅制度がある。業務命令に伴う転勤時の住宅補助目的であれば，多くの企業で採用しているものの，福利厚生目的での寮・社宅制度の見直しを行っている企業も多く，買い手側の意向を早期に把握しておく必要がある。

⑥　採　　用

　変化に対して柔軟かつ迅速に対応可能な組織を目指していくうえでは，新卒

採用に加え，中途採用も積極的に活用していくことが求められる。さらに，新卒採用においても，入社後に配属先を決定することが多くみられるが，専門性を軸にした職種別採用を取り入れることも，従業員のエンゲージメント向上につながりやすいうえ，人員計画の立案・実行の精度向上も期待でき，事業再編・事業売却に伴う人材の移管をスムーズに行うことにも寄与する。

⑦　**異動／配置**

　異動／配置は，採用（入口）の考え方とも密接にかかわるが，キャリアの領域を絞って入社する中途採用中心の企業であれば，その領域で自らキャリア形成を目指すことになる。したがって，会社主導で異動／配置を行うよりは，従業員自ら選択可能なジョブポスティングの仕組みを整備し運用するほうが親和性は高いだろう。さらに，事業再編・事業売却が格段に進めやすい。

　ただし，日本企業では，依然として入社時点でキャリアの領域を絞らない新卒採用を行っていることが多いため，定期的な会社主導のローテーションにより配置を決定することが主流である。事業再編・事業売却の際には，この会社主導の異動／配置政策の結果，「たまたまこの部署に配属されただけで，なぜ今回の再編で他の会社に行かないといけないのだろう」と思う人が少なからず発生することになる。

　再編対象となる事業に思い入れのある人と，そこまでではない人が混在するのはやむを得ない。売り手としては事業再編・事業売却をスムーズに行うためにも，ベストオーナーの下で，積極的な投資が得られ，より成長を目指せる環境が整うといったメッセージを打ち出していくことで，前向きに受け止めてもらう取り組みが必要である。

⑧　**育　　成**

　環境変化が激しく，従業員個々のキャリア志向性も多様化している中では従業員の自律的なキャリア開発がその原動力になると考えられ，そのようなキャリア開発を促していくための環境整備が求められてくる。したがって，横並び

の育成メニューは必要最低限にとどめ，専門性向上に資するメニューの充実を図ること，そして，それらのメニューがある程度自由に選択できることが必要となる。さらに，自律的なキャリア開発といえども，すべてを自己完結することは難しいため，上司がガイド役となることも重要といえる。

改めて，自律的なキャリア開発の進め方におけるポイントを整理すると次のとおりとなる。

- 経営トップ，事業部門，人事部門のコミットメント
- 社員の見える化／キャリア・ポジションの見える化
- 社員とポジションの柔軟なマッチングの仕組み（ジョブポスティング，FA制度等）
- 上司，HR等によるキャリア開発への働きかけ
- 自律的なキャリア開発を考えることが当たり前になる風土の醸成

事業再編・事業売却においては，会社主導の配置により，たまたまそのポジションに就いているケースよりは，個々の自律的なキャリア開発の過程の中で，自発的な選択の結果としてそのポジションに就いているケースのほうが，その再編が従業員から前向きに捉えられる可能性が高い。人材育成においても，そのような選択を後押しする仕組みが重要となる。

⑨ 代　謝

敏捷性や柔軟性を備えた組織を目指すためには，その時々の事業戦略の実行にふさわしい従業員を適時・適切に準備することが求められる。したがって，人員を調達するための採用，その質を維持する育成だけでなく，期待されるパフォーマンスが得られない場合の対応も検討しておく必要がある。

まずは，社内での配置転換を試みることになると思われるが，それ以外のグループ内の出向・転籍や，グループ外への出向・転籍，それが難しい場合や人数が大規模となる場合は希望退職を募るなどの代謝施策にて対応していくこと

になる。

　それらの施策を成功させるためには，事前に本人が十分に納得していることが重要である。したがって，常日頃から適切にフィードバックを行っていることが求められる。場合によってはパフォーマンス・インプルーブメント・プラン（PIP）を発動することも想定される。

　なお，迅速で柔軟な人員政策の妨げにならない退職給付制度も整備しておくことが必要となってくる。退職給付制度については，次節で詳細に説明する。

(3)　事業再編における人事制度上の論点とその対応例（図4－7参照）

①　カーブアウト後に新会社としてスタートするケース

　カーブアウトした事業を新会社として立ち上げる，あるいは，新会社を立ち上げておきカーブアウトした事業を吸収させる場合には，Day1と同時に人事制度の運用がスタートできることが非常に重要となる。

　会社分割によるカーブアウトの場合は，基本的に労働条件を包括承継するため，自社の人事制度をそのまま適用し続けることが求められる。また，事業譲渡によるカーブアウトでは，同意が得られれば新たな人事制度を準備して，新会社で導入することも可能だが，人事制度を検討するための期間が必要であるため，いったんは従前どおりの人事制度でスタートし，その後見直していくと

図4－7　事業再編の例（イメージ図）

①カーブアウト後に新会社としてスタートする　ケース

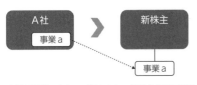

A社の事業aをカーブアウトし，新株主の下で新会社としてスタート

②カーブアウト後に既存の会社へ統合

A社の事業aをカーブアウトし，B社の一事業部門として統合

いうケースも多くみられる。

　自社の人事制度と同様の制度を導入する場合，その制度の成り立ちを理解し，運用を実行できる人事担当者を新会社に移管できることが望ましい。運用面で負荷が高いのは，人事評価から処遇を決定する部分である。特に昇格や昇給，賞与の決定プロセスは複雑になりやすい。

　適切な人事担当者を自社から移管できなかった場合には，新たに担当者を採用することとなる。その場合は，限られた引継期間を経て，運用可能な状態を目指す必要がある。その妨げにならないためにも，シンプルで運用しやすい人事制度であることは事業再編の場面では非常に重要な要素となる。

　筆者が過去に見てきた事例の中には，非常に複雑な人事制度を持っていたことにより，Day1の準備が難航し，そのスケジュールを変更せざるを得ないケースもあった。事業再編・事業売却ありきで人事制度を整備する必要はないが，仮に人事制度を見直す場合は，シンプルで運用しやすいことを前提に検討することをお勧めする。

②　カーブアウト後に既存の会社へ統合するケース

　カーブアウト後に既存の会社に統合する場合，いろいろな対応方法があるものの，立ち上げまでにかかる手間や時間，制度変更に伴うコストインパクトの最小化の観点から，どちらかの会社の人事制度に片寄せするケースが多くみられる。

　会社分割の場合は，前述のとおり労働条件の包括承継が求められるため，一時的には一国二制度の状態になるが，効率化や出自の異なる従業員の融和に向けて，制度を統合することが求められる。制度統合の際のポイントは次のとおりである。

(i)　等級の移行格付け

　2社の間で等級制度がまったく同じであるということはまずなく，等級の基軸（職能か，職務か，役割かなど）や等級の段階数が異なっていることが一般

的であるため，相違点を把握したうえで移行格付けを検討する。

　移行格付けのアプローチには等級定義や報酬水準，ゼロベースでの再評価等いくつかの方法がある。移行格付けをより丁寧に行う場合には，従前どおりに運用していた場合に，昇格していた可能性が高かった場合の取扱いや，過去に降格となっていた場合の取扱いなども個別に確認したうえで，対応検討時に考慮すべきかどうかを議論しておくことが望ましい。

(ii)　報酬水準，報酬項目の統一

　移行格付けの結果，等級別の分析結果より，報酬水準が大きく異なる場合はその差異を収斂させていく必要がある。高い水準に合わせる場合は，移行時のコストインパクトがどの程度許容できるかを検証しながら，一度に統一可能か，複数年かけて統一するかを決定することになる。

　低い報酬水準に合わせる場合，一般的には制度統合と同時に引き下げることは困難であるため，引き下げるべき金額を調整給として切り出すことが多い。この調整給は昇格などにより従前の金額を超える水準になるまで固定させる方法や，評価結果が芳しくない場合に引き下げる等の対応が多くみられる。

　なお，報酬水準を統一する際には，何と何を比べるべきかを明確に定義することも重要になる。例えば，基本給ベースでの比較か，あるいは，基本給と諸手当を合算した月収ベースでの比較か，月収と賞与を合算した年収ベースでの比較かなどである。さらに，年収ベースでの比較をする際には，賞与の取扱いについても，実支給額ベースか，標準額ベースかによっても違いが出るため，移行方法の検討に先立ち，詳細な分析を行ったうえで定義することが必要になる。

(iii)　評価期間の統一

　評価期間は，会計年度に連動して設定しているケースが多くみられるが，その場合でも半期ごとに評価するか，年1回の評価かといった相違点もあるため，統一の際は，旧制度の評価結果をいつ，どのような処遇まで反映するかを検討

する必要がある。また，制度統一の時期と評価期間のサイクルが合致しない場合もあるため，切り替え時の取扱方法も検討する必要がある。

(iv) 賞与算定期間，算定方法の統一

賞与の算定期間においても，評価期間と同様な論点があるが，さらに，賞与の場合は，会社や事業の業績対象期間と個人の評価期間，さらには勤怠の反映期間などで相違点がみられる場合もあるため留意が必要である。また，会社や事業の業績を反映する賞与制度である場合，再編前後で業績数字が計算できない場合もあるため，その点も注意が必要である。

(v) 就業条件の統一

就業条件のうち，各社に違いがあり，ルール統一上の論点になりやすい項目として，年間の所定労働時間・年次有給休暇の上限日数や付与タイミング，期限到達後の消滅する休暇の取扱いのルール，および休職の期間や算定のルールなどが挙げられる。

年間の所定労働時間については，増えるケースと減るケースがあるが，増えるケースでは時間当たりの給与が引き下がらないよう基本給などで補填することが必要になるかどうかの検討が必要であり，逆に減るケースでは，時間当たりの給与が引き上がるが，それを回避するために基本給を引き下げることは難しいため，許容するケースが多い。

年次有給休暇も上限日数が減少するケースでは，用途を限定した積立休暇として代替する措置や，時間をかけて減少させていくような移行措置を講じる必要がある。また，付与タイミングも1年に1回は必ず付与しなければならないため，注意が必要である。

休職期間については，特に私傷病による休職では，休職期間そのものだけでなく，その期間の給与の補填をどうするかを検討する必要がある。いずれかが加入している健康保険組合で傷病手当金の付加給付（期間・水準）がある場合は，その点も含めての対応方法の検討が必要である。

(vi)　福利厚生制度の統一

　制度統一時に丁寧な検討が必要なものとしては健康保険組合，寮／社宅，永年勤続表彰などが挙げられる。健康保険組合は，保険料率の違いと付加給付の違いについて確認が必要である。寮／社宅については，多くの場合にその対象者と入居可能期間，入居者の負担などで違いがあるため，その対応を検討する。

　永年勤続表彰については，その表彰により付与されるもの（休暇，表彰金，旅行券等）の内容と表彰時期（勤続○年か）の相違点を確認したうえで，差異が大きい場合や廃止が必要な場合は，移行措置を講じる必要性がありうる。

3 ┃ 退職給付制度の再構築

　M&Aの際，退職給付制度，特に企業年金制度である確定給付企業年金制度（以下「DB」という）および確定拠出年金制度（以下「DC」という）のうち，DBの取扱いは大きな論点となる。

　本節では，退職給付制度の現状と課題を確認し，M&Aの際の具体的なタイムラインおよび対応すべき論点を整理・解説する。そのうえで，昨今の人事的潮流を踏まえつつ，事業再編に柔軟に対応できる制度を平時のうちに構築しておき，M&Aの際に意思決定を迅速に行えるよう，各種ルールをあらかじめ決めておくことの重要性を述べる。

(1)　退職給付制度の現状と課題

　日本の年金制度は，図4－8のとおり3階建てで構成されており，1階・2階の公的年金に加えて，企業は任意にDB・DC・退職一時金などの退職給付制度を従業員に提供している。世界的な潮流と同じく，DBからDCへのシフトが進んでおり，民間被用者の約5人に1人（2021年3月末時点，個人型DCは除く）がDCに加入している。DBからDCへのシフトは，主に財務面から語られることが多いが，人事面からもDBに対する次のような課題認識から見直しが検討されてきている。

図4−8 日本の年金制度の体系（民間被用者）

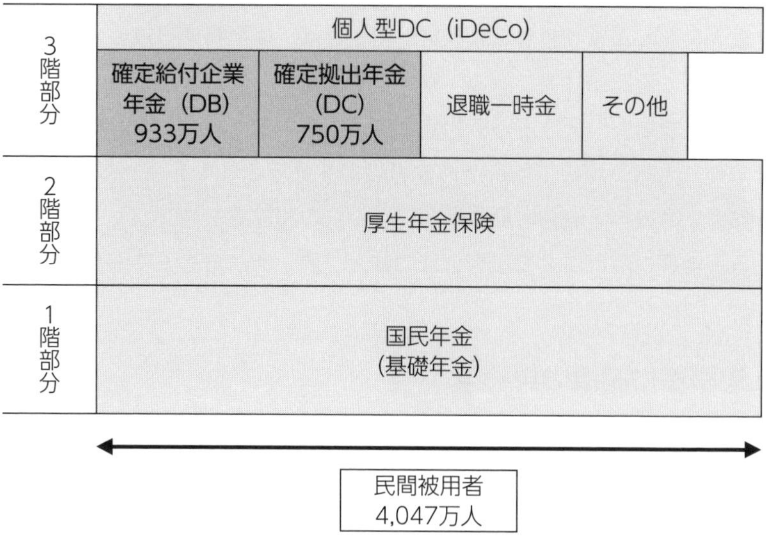

3階部分	個人型DC（iDeCo）			
	確定給付企業年金（DB）933万人	確定拠出年金（DC）750万人	退職一時金	その他
2階部分	厚生年金保険			
1階部分	国民年金（基礎年金）			

民間被用者
4,047万人

（注） 表中の人数は企業年金連合会「令和３年度版　企業年金に関する基礎資料」より引用

① 従業員の認知度が低い

　一般的にDBは従業員が退職時以外で関与する機会が少なく，また仕組みが複雑なことが多いため，在職中は制度そのものをよく理解しておらず，退職間際になって初めてその価値を認識する従業員が多い。毎年，相当の費用をかけていることを考えると，人事施策上もったいない話である。

② 終身年金でない限り，ほとんど一時金で取得している

　DBは歴とした年金制度ではあるが，終身年金での支給がない限り，ほとんどの従業員が一時金を取得しているのが現状である。これは退職所得に対する税制優遇が大きいことが主な原因と考えられる。長寿リスクの観点から終身年金を提供している企業も終身部分を廃止しようとする動向がますます進むことを考えると，実質，DBは退職一時金と同様となっているといえる。

③　DCの拠出限度額が小さくなる

　DBとDCが併存する場合，DCの拠出限度額である55,000円／月は半分の27,500円／月となる。2024年12月1日施行予定の法改正により，DBの給付水準を反映した「DB仮想掛金（正式には他制度掛金）」という概念が導入され，「DCの拠出限度額＝55,000円／月－DB仮想掛金」となるが，いずれにせよDCの最大拠出額である55,000円／月よりは小さくなる。これに伴い，節税効果の高い従業員拠出額の枠も小さくなってしまう。

　こうした課題がありながら，あえて資産運用を中心とした財務リスクの高いDBを持つことの意義を正当化することは難しくなってきている。とはいえ，依然として民間被用者の約4人に1人はDBの加入者（2021年3月末時点）となっており，DBは退職給付制度のメインプレーヤーであり，M&Aの際もその対応に一苦労することになる。

(2)　M&A時における退職給付制度の取扱い

　ここでは，DBを持つ会社がM&Aの対象会社となる場合のプロセス，タイムライン，論点を整理しておく。例として，図4-9のとおり，売り手の一事業部門をカーブアウトし，買い手の子会社とするケースを考えてみる。

図4-9　ケーススタディ——スキーム

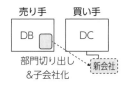

☑ 売り手はDBのみ，買い手はDCのみ
☑ 売り手としては，転籍する従業員の処遇はなるべく維持してほしい
☑ 買い手としては，DCにしたいが，対象従業員の同意取得が困難

協議

▶ 新会社の退職給付は変更しないよう，買い手で新たなDBを設立する
▶ Day1以降1年間は設立準備期間として，現行売り手DBに継続加入させてもらう
▶ 1年後に新設DBに権利義務を承継する

138

　売り手はDBを持っているが，買い手はDCしかないので，買収後の子会社で売り手DBと同じ制度を単独で設定するシナリオとする。タイムラインを図4－10に示す。

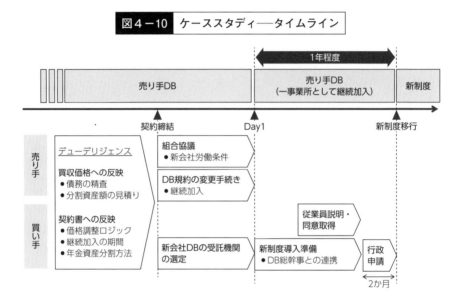

図4－10　ケーススタディ──タイムライン

①　DD～契約締結

　Day1時点で売り手DBから脱退・払出しを行い，新たにDCをスタートする，というのが買い手側としては望ましいかもしれないが，対象事業部門の従業員からの同意取り付けはそう簡単な話ではない。特に会社分割の場合，労働契約承継法の観点からDay1時点では原則として対象会社の制度を変えてはならないため，Day1時点で売り手DBに継続加入することが必要となる。

　そのうえで，対象事業部門のDBの債務を買収価格へ適切に反映させるため，債務評価の妥当性を精査し，DBから分離する際の分割資産額がいくらとなるかを，DB法令上の定めを踏まえたうえで適切に見積もる。

　加えて，Day1以降，新会社従業員が売り手DBにいつまで継続加入できるか，また，価格決定時から実際のDB分離時の時点の差による債務・資産のブレを

どのように価格調整するかなど，後々売り手と買い手で揉めないようにあらかじめTSAやDAに落とし込んでおく必要がある。

②　契約締結〜Day1

売り手としては，対象従業員・組合に説明し，法令に定める同意を取得したうえで，現行DBに新会社を一事業所として追加する手続きを行う。

買い手は，新会社のDBの総幹事を引き受けてくれる受託機関を，売り手の現行幹事も含めて，選定・依頼する必要がある。

③　Day1〜DB分離

買い手は，DB受託機関と連携しながら，行政宛ての申請書類を作成し，法令に定める従業員の同意を取得したうえで新しい制度に移行させる。行政宛ての申請は制度変更日より2か月前に行うことや，受託機関による数理計算・規約作成などのリードタイムを要することを考慮すると，Day1からDB分離までは1年は見ておいたほうがよい。

このように，売却対象事業にDBがある場合，無事移行を完了するまで時間と手間がかかる。ビジネスの変化が加速する昨今，M&A後のシナジー早期実現のため，迅速な人的融合が求められる。その基盤となる人事制度の中で特に厄介な退職給付制度が，将来の事業再編の際の円滑な統合の足枷とならないよう，事前に現行制度を見直しておくことが望ましい。もちろん，M&Aに対して柔軟な制度というのは副次的な目的であり，まずは現在の労使双方にとってベストなものは何かというところから議論は始まる。

次節では退職給付制度の再構築の方法を考察する。

(3)　退職給付制度の再構築例

前述のとおり，企業の退職給付制度，特にDBは一般的に複雑な設計となっていることが多い。自社制度の給付水準が他社と比較してどれくらいか，勤続

140

何年で大体いくらもらえるかについて，人事担当者でも即答できないこともある。

退職給付制度は一般的に給与・賞与の総報酬に対して5〜10%程度のコストがかかるため，もし退職給付制度をスクラッチで考えられるとしたら，よりシンプルな制度にして従業員にその価値をしっかり認識してもらいたいという点は共感できるだろう。

① 給付額は「基本給の○%の積み上げ」

シンプルな給付の決め方の例として，「基本給の○%の積み上げ」が挙げられる。これはジョブ型の導入や多様な働き方への対応など昨今の人事制度の潮流に対しても相性が良い。

従来型の退職時の給与に勤続年数に応じた給付を支払うといった制度では，ジョブや勤務形態の変更により給与が下がる場合，調整処置をしなければそれまでの退職金が下がってしまうのに対し，給与の積み上げ型であるため，そうした調整の必要がない。

また，同じく積み上げ型の制度としてポイント制があるが，勤続ポイントは中途退職者への不公平感や，評価・等級のマトリクスのポイントテーブルに対する従業員の認知度の低さといった問題があり，基本給をベースとしたほうが，公平性・高い認知度という観点からより良いだろう。

M&Aにおける制度統合の局面を考えても，複雑な体系を持つ制度の統合は一般的に難しいため，結局いくらもらえるかがわかりやすい制度のほうが，対象従業員に受け入れられやすいと思われる。

② 将来分の枠組みは「DCと退職一時金制度の併用」

次に，制度の枠組みの例として，「DCと退職一時金制度の併用」を挙げたい。DCはすでに多くの企業で導入されており，財務の安定性や中途入社者の前職でのDC口座の受け皿という観点からも，選択肢から外すのは難しい。

退職一時金制度とDBとの違いについては，前述のとおり，受取り側である

従業員からは大きな差はないが，DCの組み合わせ相手としては，退職一時金制度のほうが，DCの拠出上限をフル（55,000円／月）に使え，税制上極めて有利な従業員拠出の拠出枠を確保するうえで，DBより分があるといえる。

　DCと退職一時金の割合については，従業員の特性等を考慮したうえで決めていくことになるが，例えば半々にするというのも，労使でリスクを分け合うという意味で１つの選択肢となる。

③　過去分は「凍結DBの活用」

　それでは，現在DBがある場合はどうするか。上述の制度とのつながりを考えれば，DBについては変更時点までで現行加入者の給付の伸びを止めて，新規の加入者を入れずに運営し，既存加入者の退職時に過去分の給付を支払う，つまりDB制度を凍結することが考えられる（**図４－11**）。

図４－11　退職給付制度の再構築例

将来分：DC＋退職一時金

- ☑ シンプルかつ運用リスクがないため，売却時，買い手が受け入れやすい
- ☑ 買収時，売り手のDCの受け皿になる
- ☑ 買収時，売り手制度との水準調整は退職一時金で移行措置を設定

過去分：凍結DB

- ☑ 買収時，売り手のDB過去分をそのまま承継するため，同意を得やすい
- ☑ 低リスクでボリュームディスカウントを享受できる安定的な一括運用が可能
- ☑ 売却時，DBが凍結されているため，買い手が比較的取り扱いやすい

　これにより，既存加入者の既得権は維持できるし，年金受給権者もそのまま残すこともできる。

　DBをDCに移行させるというのも１つの選択肢ではあるが，あえて凍結DBとして残すメリットとしては，まずは従業員からの同意取得のしやすさが挙げ

られる。また，M&Aの際において，売り手側にDBがあったとしても，従前の売り手側DBの過去分を買い手側凍結DBへと移行させられるし，売却時についても，DBが凍結されているため買い手側としては比較的取り扱いやすいといえる。

⑷　M&Aに向けた取り決め

　前述のように制度を再構築した後，実際のM&Aの際に意思決定を要する事項をあらかじめ決めておくことが望ましい。

　先の再構築例でいけば，売却時の年金資産の分割ルールを決めておく必要がある。DB法令上は分割比率に複数選択肢があるため，例えば，他の事業所との間の公平性を担保するため，年金財政上の債務である「責任準備金」比で分割することを機関決定しておき，DB規約に記載しておくことで，M&Aの際の意思決定が円滑に行える。

　また，買い手側として，凍結DBが比較的取り扱いやすいとはいえ，買い手側にDBがなければ，DBの払出しならびに受け皿となるDBの新設，という選択肢が考えられる。その場合，払出しの際に税制上の不利益があるようであれば，その補填のルールも決めておくとよいし，会社分割のようなケースであれば，どれくらいの期間を売り手側のDBに継続加入させておくか，ということも事前に決めておくとスムーズであろう。

　これらシナリオを想定しておき，基本方針として文書化しておくことにより，いざカーブアウト・事業売却を行うときに慌てず迅速に対応することができるため，推奨したい。

4 ▎ HRのプラットフォーム化とHRガバナンス──人事組織，オペレーション，ツール

　本節では，人事組織，オペレーション，ツールの観点からHRのプラットフォーム化とHRガバナンスについて説明する。

(1)　人事組織，オペレーションに求められること

(2)　人事組織，オペレーション，ツール（HRIS）で実現すべきこと

(3)　人事組織，オペレーション，ツールの検討アプローチ例

(4)　事業再編における人事組織，オペレーションにおける論点とその対応
策例

(1)　人事組織，オペレーションに求められること

　昨今，グローバルビジネスの拡大やグローバル経営・一体化が進む中，所属
や勤務地によらず，組織やプロジェクトを組成するケースが増えている。これ
らは，バーチャルな組織・チームであり，各人が従来の所属や勤務地において，
従来のレポートラインを有しているのが典型である（**図4-12**）。

図4-12　バーチャル組織のイメージ

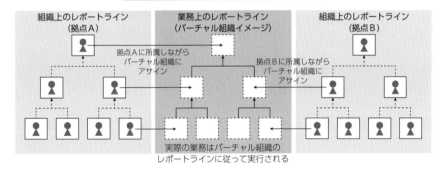

　これにより最適な人材をグローバル全体から選択・配置して，タイムリーに
最適な組織・チームを組成できる。

　グローバルでの最適な組織・チームの組成は従来から企図されていたことで
あるが，物理的な移動（出向・転勤など）が当事者にとって障害となり，会社
から見ても多くの従業員を物理的に移動させるにはコストがかかりすぎること

から，実施は限定的なものとなっていた。しかし，近年の通信技術の発展に伴い，実際の移動を伴わずにグローバルでの最適配置が可能になったことが，所属や勤務地によらないバーチャルな組織・チームの組成を加速させており，今後もこのトレンドはより加速していくことが予想される。

　このようなバーチャル組織・チームの活用があたりまえの世界でのカーブアウト・事業売却では，買い手は従来のように，対象事業をいったんスタンドアロン型の組織にしたのちにタイミングを見て統合するのではなく，買収直後から，バーチャルな組織・チームとして当該事業・組織を，買い手のオペレーション・機能に取り込むことを志向する。

　したがって，売り手にとっては手離れ良く売却が完了し，買い手にとってはタイムリーに価値のある人事組織とオペレーションが実現することが求められる。そのために，HR機能は以下の2点を実現する必要がある。

---

　①　柔軟に変化する（買収先のオペレーションに適応する）ことができる

　②　新しい環境下でも従業員をモチベートし続けることができる

　また，上記は事業の売却・買収が絡む事業再編局面に限った話ではなく，平時のビジネス環境や組織体制の変化への対応といった意味でも重要な要素となりうるため，平時から準備を進めておくことが重要となる

⑵　人事組織，オペレーション，ツール（HRIS）で実現すべきこと

　本項では，このような人事組織，オペレーションを作り上げるための要件を，以下に具体的に論じる。

①　HR機能にはビジネスに対してどのような貢献が求められるか

　人事組織，オペレーションについて考えるうえで，HR機能にはビジネスに対してどのような貢献が求められるのかを明らかにしておく必要がある。もちろん，本質的な役割である「組織人事面からのビジネスリーダーのサポート」

は，今も昔も不変である。ただし，そのサポート方法は，時代の変化とともにこれまでとは異なるものが求められる。

　多くの企業では，これまでHR機能はプロセスの管理に注力してビジネスに貢献してきた。具体的には，採用プロセスや評価のプロセスを効率的かつ円滑に進める，といったことである。

　それが昨今のテクノロジーの進化に伴い，プロセスは自動化され，ツールを通じたマネージャーのセルフサービス化が進んで，プロセス管理業務の相対的な重要性は低下した。むしろHR機能には，自らそのような変化に適応し，変化を組織に定着させる役割が求められる。さらに，前述したように，組織構造がますます複雑・高度になる中で，従業員の満足度やエンゲージメントを高める役割の重要性が高まっている。

　したがって，これからのHR機能には，効率的なオペレーションをデザインすることに加え，組織の変化にHR機能自体が柔軟に対応し，さらに従業員が変化に適応するために，従業員と人事チームのコミュニケーションや従業員同士のコラボレーションを促進することが求められる。

　このような人事組織，オペレーションのデザインの考え方を，図4-13に示した。マーサーではこれを"Target Interactive Model"と呼んでおり，実際の人事組織やオペレーションをデザインする前に，どのようなサービスをどのユーザーに提供する必要があるのかを可視化することを推奨している。マーサーでは従業員サーベイなどにより現状の問題点を特定し，改善点を検討してこのようなモデルを構築することをサポートしている（実際のアプローチ例は後述）。

　また，具体的な人事組織，オペレーションのデザインに際しては，よりバーチャルで複雑化した組織体制を念頭に置いて検討する必要がある。例えば，各リージョンや各ファンクションを担当する人事チームが連携することを想定した組織とオペレーションを設計しておくと，各リージョンのエンジニアの情報を集約して人材プールを整備し，新規のプロジェクトに対して，グローバルで最適なチームを円滑に組成することができる。

146

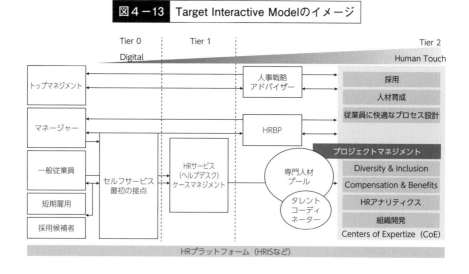

図4−13　Target Interactive Modelのイメージ

なお，これらの組織やオペレーションは一度設計したら終わりというわけではなく，ビジネスのニーズや組織の変化に合わせて随時見直す必要がある。したがって，その見直しのプロセスも，オペレーションの中にちゃんと組み込んでおくことが肝要である

このように人事組織やオペレーションを状況に応じて柔軟に変えていける組織とオペレーションを構築しておくと，仮にその事業が売却された場合でも柔軟に買収先の組織に適応できるため，売り手からすると手離れが良くなり，事業再編・売却の局面でも有益である。

② ビジネスに貢献するためにどのような人事組織であるべきか

人事機能は一般に，図4−14に示すようにCoE，HRBP，HRオペレーションの3つから構成されることが多い。CoEは主に人事諸制度の企画を全社的な観点から実施し，HRオペレーションは人事諸制度の運用を担っている。HRBPはビジネスとCoE・HRオペレーションの間に立って，ビジネス側での意思決定や制度運用をサポートする役割を担う。

| 図4－14 | 人事機能の役割イメージ |

センターオブエクスパティーズ (CoE)	☑ 高い専門性によるHRの問題解決，基本プランや制度の設計，プラットフォーム構築
HRビジネスパートナー (HRBP)	☑ 事業ラインに対して，事業戦略の実現をHR課題の解決により支援(コンサルテーション)
HRオペレーション	☑ 各社の人事オペレーションを集約し，コストを削減 ☑ 一部機能をビジネスラインが実施するように設計・誘導

　ただし，これまでに記載してきたとおり，これからはバーチャルな組織・チームを通じて従来の国や拠点，機能の枠組みを超えた拡張がさらに進んでいくことが想定され，人事の組織もまた国や拠点，機能の枠組みを超えた拡張性を持つことが必要となる。

　このような状況の中で，人事組織内にも多様な人事スペシャリストからなる人材プールを整備し，機動的に戦略的なプロジェクトへ適切な人事スペシャリストを国や拠点，機能を超えてアサインできるようにする取り組みを開始している企業もある。このようなケースではプール人材は社内コンサルタントとして扱い，定型的な人事業務ではなくグループ会社も含む社内プロジェクトにのみアサインするものとして，タイムリーな対応を可能にしている。

　また，従業員のエンゲージメントを高めるためには，HRBPの果たす役割，すなわちCoE・HRオペレーションとビジネスリーダー・従業員をつなぐ役割がますます重要になる。HRBPは，HR機能が企図することをビジネスリーダーや従業員にわかりやすく伝え，逆にビジネスリーダーや従業員が求めていることをCoEやHRオペレーションにフィードバックする。そして，これが従業員のエンゲージメントを高めることとHR機能から適切にガバナンスを効かせることの双方に寄与する。

　このような役割を果たしていくためにHRBPはデータ分析，チェンジマネジ

メント，コミュニケーションに関するスキルを強化して，インハウスのコンサルタントのように活躍することが求められる。後述するが，このHRBPの役割は特に事業再編・売却の局面で，大変重要となる。

③　求められる人事オペレーション，人事組織をサポートするツール

近年の人事オペレーションにおいて，ツール（HRIS）の存在は非常に大きくなっており，多くの企業が投資を加速している。これまで論じてきたバーチャルで複雑化している組織を管理していくうえで，これらのツールの活用は必須である。

特に，従業員やマネージャーが直接ツール（HRIS）にアクセスすることができ，セルフサービス化を進めていくことが，前項で論じたHR機能の新しい役割に注力する余力を創出するうえで重要である。仮に高度なHRISを導入しても，従来の人事システムと同様に人事部門の業務システムとしての活用に留まるならば，宝の持ち腐れである。より積極的に従業員を巻き込み，多くの機能を活用することが求められる。

また，同時にHRISには従業員と人事チームのコミュニケーションツールとしての機能がある。HRISを使って人事チームから連絡・情報・メッセージを従業員に送れば，従業員側からの問い合わせにもタイムリーに応えることができる。これにより，従業員の利便性が高まり，それぞれの担当業務に注力できる環境を提供できる。

⑶　人事組織，オペレーション，ツールの検討アプローチ例

ここまで今後の人事組織，オペレーションおよびツールに求められる要件について説明した。ここからは，実際に人事組織，オペレーション，ツールを検討する際のアプローチについて説明する。

マーサーでは，一般に以下の4ステップで検討を進めていくことを提案している。

```
①　ステップ1：検討プロジェクトのセットアップ
②　ステップ2：現状分析
③　ステップ3：概要設計
④　ステップ4：詳細設計
```

以下では，各ステップの概要と検討のポイントについて述べる。

①　ステップ1：検討プロジェクトのセットアップ

　プロジェクトを開始するにあたり，まずは取り組みの目的を明確にする。具体的なゴールはこの後の現状分析を踏まえて設定するため，この時点では大まかな到達点（＝実現したいこと）をイメージしておくだけでよい。

　次に，大まかな到達点に向けて，最初の検討メンバーをアサインする。事業戦略・人事戦略を踏まえ，主要なステークホルダーを特定し，適切な検討メンバーを選定する。検討の進行役であるPMO[1]も併せて選定し，円滑な検討ができる体制を構築する。

　想定されるリスクを整理し，関連するステークホルダーを把握すると，適切なメンバーの選定を行いやすい。

②　ステップ2：現状分析

　検討体制が決まったら，現状の把握を開始する。現状分析は詳細ではなく，全体像を把握することを目的に，**図4−15**に示す「ガバナンス」，「プロセスの習熟度」，「デジタル化の進捗」，「ビジネスへの貢献」，そして「Employee experience（従業員の満足度）」の5つの視点により現状の人事組織，オペレーションを評価する。これらの評価はワークショップやインタビューなどを通じて実施する。同時に，人事組織の構造や，組織内の役割分担の状況も把握

1　Program Management Office：プログラム・マネジメント・オフィス

する。

図4-15	ステップ2　現状分析の視点
ガバナンス	☑ プロセスや組織体制は，グローバル，リージョン，国，拠点のどのレベルで，どのように統合・管理されているか
プロセス習熟度	☑ 各業務のプロセスを円滑に進めるために必要な習熟度は，どこまで備わっているか
デジタル化の進捗	☑ デジタルツール，人事データは，どこまで活用されているか
ビジネスへの貢献	☑ ビジネス目標の達成に向けて，どのような貢献があるか
Employee experience（従業員の満足度）	☑ 従業員は現状の人事サービスに満足しているか

　このような分析の結果を，社外のベストプラクティスと適切に比較・検証し，プロセスの改善・効率化の余地を把握する。

③　ステップ3：概要設計

　現状分析に続いて，将来の人事サービスがどうあるべきか，主要なステークホルダーと討議する。この中で，ビジネスの目標を達成するためにHRにどのような貢献が求められるか，またそのためにどのような人事プロセスが必要となるかについて，Target Interaction Modelとして整理する。また，このときに図4-16のように「標準化」，「集権化」，「顧客（従業員）志向」および「シンプル化」の観点から検討を行う。

図4－16　ステップ3　概要設計の視点

標準化	☑ 業務プロセスごとに，標準化とカスタマイズのバランスをどのように設定するか
集権化	☑ 業務プロセスごとに，中央集権と現場への権限移譲のバランスをどのように設定するか
顧客（従業員）志向	☑ 顧客（従業員）に対してどのような価値をどのように提供するか
シンプル化	☑ 業務目的，プロセスや組織を見直すことによって，コスト・効率を大きく改善できないか

④　ステップ4：詳細設計

　Target Interaction Modelを具体的なビジネスフローに落とし込むことによって，HRのオペレーションを具体化する。このときにビジネスフローを実現するために必要なツール（HRシステム）の要件も，併せて明確にする。これにより情報の流れが明確となり，より現実的なビジネスフローが検討できる。ビジネスフローを一定程度明確にしたら，今度はそれを実現するためのレポートライン（組織）をデザインする。

　詳細設計のフェーズでは，新しいプロセスへの移行方法についても検討する必要がある。新しいプロセスが定着するには，ステークホルダーを明確にし，ステークホルダーごとに求められる要件・メッセージを明確にして，チェンジマネジメントを実行することが肝要である。

⑷　事業再編における人事組織，オペレーションにおける論点とその対応策例

　本節の最後に，事業再編時の人事組織，オペレーションに関する典型的な3つの論点とその対応策例について記載したい。

① システム移行

事業売却時には，売却対象事業に従事する従業員の情報を，売り手の人事システムから買い手の人事システムに移行する必要がある。対象事業および従業員を買い手のオペレーションにDay1から取り込む場合には，必要な従業員データを売り手から買い手に渡すだけで事足りる。しかし，TSAなどによりDay1以降も売り手に当該従業員の情報を残す必要がある場合には，注意が必要になる。

提供するサービスにもよるが，売り手のシステムをセグリゲーション（システム的に分離）し，対象となる従業員情報を他の従業員とは分けて取り扱う必要が生じる。これに起因して，データのアクセス権限などの制約により，対象となる従業員の情報の更新や各種手続きなどの連携が，システム外でのマニュアル作業となることが多い。さらに，売り手がさまざまな異なるシステムにより業務を運営している場合には，マニュアル作業の頻度や複雑性が高まり，人為的なミスを起こすリスクやオペレーション負荷が大きくなる。

このような状況を回避するために，平時から売り手の採るべきスタンスとして，自社の人事データを一元管理しておくこと，そしてツールをシンプル化しておくことが挙げられる。これによりこのようなケースでのデータ管理にかかる工数を抑えることが可能になる。また，スタンダードなツールの採用は，複雑なデータ連携を避けることにも有効である

② オペレーションの分離・統合

事業売却の局面では，移管される従業員の処遇や取扱いを，売却後の一定期間，売却前と同等に維持することが求められることが多い。その場合，少なくとも当該期間は，買い手は売り手のオペレーションを再現（レプリカ）することが求められる。

このときに，複雑な報酬決定のスキームや手当があると，買い手に同等のオペレーションを早急に立ち上げることが困難になり，TSAが必要となるため，売り手のオペレーション負荷が増える。また，売り手に非常に独自性の強い仕

組みや制度があると，買い手に敬遠され，売却交渉に悪影響を与えることも危惧される。

　このような状況を防ぐために，売り手は，自社の仕組みや人事制度を一般的なプラクティスから逸脱させない，またオペレーションを複雑にしすぎないことが肝要である。もちろん，売却を前提に人事制度やオペレーションを構築することは本末転倒であるが，自社独自の仕組みの効用を見極める必要がある。すなわち，ビジネス上，効用の高い取り組みについては複雑であっても継続するが，常にその有用性について検証を続け，無意識に継続することを戒める。

③　従業員のモチベーションの維持

　最後に，売り手が自社従業員のモチベーションをいかに維持していくかについて，人事組織，オペレーションの観点から論じる。事業再編の局面においては，売り手に残る従業員に，「次は自分たちの番ではないか」といった不安や動揺が広がることがある。また，移管された従業員が大変な思いをしているなどといった噂も，これを助長する。

　売り手にしてみれば，移管された従業員のモチベーションが売却後の自社の業績に直接影響を与えることはない。しかし，その後の事業売却時に従業員が警戒し，移管が円滑に進まないケースや，残された従業員の間にネガティブな噂が広がるなどのリスクも想定されるため，きちんと，円滑に，不安のない状態で送り出す必要がある。

　移管される従業員に対するHRの役割は，まずは移管された従業員が買収先で活躍できる環境の確保である。そのためにHR（主に当該事業のHRBP）が，移管される従業員の特性（これまでの処遇や取扱い，カルチャーなど）を踏まえて，買収先で当該従業員がモチベーションを持って活躍できる環境について，売り手および買い手のマネジメントに対して必要な説明・主張を行うことが求められる。また，HRのメンバーも含めて移管される場合では，そのメンバーが移管された従業員に対して適切なチェンジマネジメントを行うことも求められる。

　一方，売り手は，自社に残る従業員に対しては，不安や動揺を抑えるための適切なコミュニケーションとチェンジマネジメントの取り組みが必要となる。

　これらの役割をこなすためには，高い分析力とチェンジマネジメントに精通したスペシャリスト人材を育成し，活用できる仕組みが必要となり，前述したようなスペシャリスト人材プールを人事組織内に設ける取り組みも有効である。

　ここまで，事業再編時の人事組織，オペレーションに関する典型的な3つの論点とその対応策例について説明してきた。ツールやオペレーションを極力シンプル化することや，人事のスペシャリスト人材を育成・活用することは，平時においても，ビジネスに大きく貢献することはいうまでもない。

　もとよりこれらの取り組みは，事業再編・事業売却が決まってから即座に準備ができるものではない。したがって，平時から人事の組織とオペレーション，ツールの最適化に取り組み，望ましい形に近づけておく必要がある。

第5章

カーブアウト・事業売却に伴う人員余剰対策

1 カーブアウト・事業売却と人員余剰

(1) RIFとは何か

　日本では，余剰人員の削減（会社都合の大規模な人員削減）をリストラと呼ぶことが定着している。しかし，リストラの語源であるRestructuringとは，事業再編や事業再建のことの総称であり，本来，これらの結果生じる余剰人員対策を指すものではない。このため，本書では会社都合の大規模な人員削減を海外で一般的なRIF（Reduction in Force）と表記することにする。

　RIFは，従業員個人の事情に立脚した個人の解雇（会社からの雇用契約の終了）ではなく，従業員の集団に対する解雇である。RIFの場合は，労働当局とのコミュニケーション・審査など，個人の解雇に比べて会社側の負荷が増すのが通常である。

(2) 人員余剰発生の構造

　カーブアウト・売却に伴って，なぜ人員余剰が発生し，RIFが必要になるのか，その構造を図5−1に示した。

　まず，カーブアウト・売却が合意に至った場合，売り手本体の間接部門や，シェアードサービス子会社に人員余剰が発生する。売却によって事業や従業員

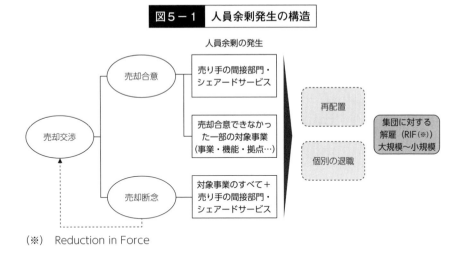

図5-1　人員余剰発生の構造

（※）　Reduction in Force

が減少するので，その分，これを支えていた部門や子会社に余剰が出るのである。

　もちろん，このことを見越して，売却対象事業に含めて一体的に売却することは考えられ，買い手の状況によってはWin-Winになることもある。しかし，買い手と合意できなければ，売り手は余剰人員に対して対策を取らざるを得ない。

　また，カーブアウト・売却について全体として買い手と合意に至った場合でも，対象事業の一部（事業，機能，拠点など）については合意できないことがしばしばある。売り手としては，対象事業全体の売却を目指さずに，一部売却で手を打ったのであるから，合意できなかった部分の従業員については，余剰人員対策を取らざるを得ない。

　そして最後に，売却に合意できず，売却を断念する場合がある。売却を断念した後どうするかというと，受け入れられる条件で売れるまで保有する（その間，次の売却機会を窺う）選択肢は，いったんは考えられる（図5-1の点線ループ）。しかし，対象事業を保有していること自体が売り手にとって最善でない（機会損失／実損失）から売却の意思決定がされたのであり，勝算なしに

いつまでも次の売却機会を窺い続けたり，事業の保有を続けたりすることはできない。売却対象事業の範囲や組み合わせ，売却の条件などを見直し，プロセスにも工夫を凝らして，早期の売却実現を目指さなければならない。

　もっとも，従業員保護の観点からは売却できなかったからといって，たちまち事業清算や拠点閉鎖ができるわけではなく，国によっては，事業清算や拠点閉鎖の必要が本当にあるのか，ここに至るまでにできることはすべてトライしたのかなど，労働当局の視点で厳しく見られる。そうすると，やはり保有することが最善でなくなった事業は，売却の意思決定を早く行い，手を尽くして売却してしまうことに尽きる。

　上記の3つのパターンの中では，売却断念の場合が最もインパクトが大きい。それは，対象事業のまるまる全部と，対象事業を支えていた売り手本体の間接部門や，シェアードサービス子会社に人員余剰が発生するからである。

⑶　人員余剰の対策

　前項で説明した3つのパターンで余剰となった人材に対しては，売り手が再配置の可能性を検討し，あるいは従業員に再配置の機会を与えることが合理的である（図5−1の右側）。もっとも，本人のスキル，経験または志向性がフィットする業務のポジションが用意できるか，また，処遇や勤務の条件を含めて本人の希望とマッチするか，という現実の問題がある。したがって，平時の人材マネジメントの中でポジションと人材のマッチングを行い，消化している数を大きく越える規模での再配置は難しいだろう。

　また，個別の退職（従業員による自発的な退職，本件とは無関係な事由による解雇）も発生するが，これはあくまで1名ずつ，それぞれの事情と会社の交渉結果による退職であるため，大規模な余剰の吸収は難しいだろう。

　したがって，売り手の行う人員余剰対策の本筋は，RIFの計画・実行とならざるを得ない。

158

2 ┃RIFの論点

　RIFの論点を，**図5－2**に4点掲げた。あくまで一般論であるため，案件ごとに，各国のリーガルを加えて具体的に検討する必要がある。以下に，順次説明する。

図5－2　RIFの論点

項　目	主な論点・留意事項
(1)適正人員の実現	・RIFの対象者数，内訳 ・対象者の選定方法 ・人件費・セベランスコストの検討
(2)適切なアプローチの設計	・各国の関連法令，各社のCBA[1]，市場慣行上の制約 ・具体的プロセスの検討：従業員への事前通知，労組／労使協議会との協議・交渉，整理解雇以前に講ずべき対策等 ・労使紛争リスク・訴訟リスク・レピュテーションリスクなどの検討 ・最適なアプローチとタイムラインの決定
(3)実行体制の構築	・PMO/実行体制の構築 ・実行のキーマン（工場長，製造部長，人事部長等）の適性評価とアサインメント ・コミュニケーションプランとプロトコルの設計，キーマンのコンセンサス形成 　――RIF対象の従業員 　――対象外の従業員
(4)社外ステークホルダーへの配慮	・政府・行政対策（特に拠点閉鎖となる場合） ・外国資本の行うRIFであることに対する，反発・悪感情対策

(1)　適正人員の実現

　RIFは，会社側にとっても従業員側にとっても，負荷がとても大きい。この

1　Collective Bargaining Agreement：労使協約

ため，RIFは着地点を見定めて，1回で完了しなければならない。これは，特に業績悪化時の再建策の一環として行われるRIFに顕著である。つまり，何人減らすか，減らせるかではなくて，RIF後の仕上がりの必達条件を見極め，1回のRIFでそこに到達する，ということである。この原理は，カーブアウト・売却に伴って発生するRIFにおいても，同様に当てはまる。

　売却断念によって，拠点が閉鎖され，全員RIF対象となるような場合を除き，売り手の間接部門・シェアードサービスにおける余剰対策のように，一部がRIFの対象となる場合は，その人数や内訳を検討する必要がある。

　さらに，具体的にどうやって対象者を選ぶのか，得られる結果の妥当性と実行可能性の両面から，早い段階で検討する。そうすれば，判断のための情報収集や実行リソース確保の時間を捻出しやすく，この先のトラブルを減らすことができる。もちろん，その選定の基準やプロセスに法的な問題がないことは，各国において確認を要する。

　もっとも，平時から人材マネジメントをきちんと運用し，余剰の人材やパフォーマンスの悪い人材を抱えることがないようにしていれば，RIFの際の選定基準や選考プロセスは，本人の業務内容・レベルと，その業務に対するニーズの有無に絞り込んだシンプルなものに近づいていく。

　逆に，海外拠点でも平時の人材マネジメントをおろそかにしていると，余剰の人材やパフォーマンスの悪い人材を抱えることとなり，平時から事業に悪影響があるだけでなく，RIF実行の負担を重くする。あるいは，解雇対象者数をかさ上げし，その国でRIFに該当するラインを越えてしまうという事態もありうる。

　最後に，RIFの実行によって，人件費はどのように下がり，また対象者に対するセベランス（解雇手当）や，事業・RIFのキーパーソンに対するリテンション，といった一時的なコストがどのように発生するのか，最初は概算で，その後は実在者のデータに置き換えて予算化し，事業計画に織り込む。予算がなければ，十分な金額を付与して，RIFを円滑に進めることができない。

⑵　適切なアプローチの設計

　売却プロセスの開始前にしっかり準備するのと同様に，RIFにおいても，RIFのプロセスを開始する前にしっかり検討し，準備することが重要である。

　まず，交渉の自由度の高いカーブアウト・売却とは異なり，RIFの場合は，労働者保護の観点から制約・制限があり，遵守に失敗した場合の社会的影響が大きいので，できること／できないこと，あるいは決まっていること／決まっていないこと，といった前提条件を正確に掌握することが，極めて重要である。各国の関連法令はもとより，対象各社のCBAの内容，当該国の市場慣行がこれに当たる。

　従業員への事前通知や，労組／労使協議会との協議・交渉のように，定められたタイムラインで必ず実施する項目の定めがあるのが通常である。これを飛ばして先に進むことはできないため，手待ちや手戻りが生じないように，現地の実務に通じたアドバイザーとともに，十分に留意して計画を立てる必要がある。

　一方，労使紛争，従業員からの訴訟，社会的レピュテーションなど，現地の関連リスクの検討も重要である。必要に応じて，アプローチ，条件内容，タイムラインを見直したり，対策内容を上積みしたりするほうが，時間やコストはかかっても全体として上策ということもある。

　これらの観点を踏まえた計画は，RIFのプロセス開始前に，可能な限りその大部分を完了させ，プロセス開始後に発生する問題に対処しながら，粛々と進めることを目指す。プロセス開始後に大きな問題が出てきて，スケジュール・内容・方針に変更を余儀なくされる事態は，RIFの期待成果が大きく損なわれるだけでなく，RIFの推進側にも，RIFの対象従業員にも大きなダメージがあるので，極力避けられるようにする。

⑶　実行体制の構築

　従業員代表組織や従業員に対してRIFのプロセスを開始する前に，計画だけ

でなく，実行体制もしっかり整え，関係者の準備レベルを引き上げ，意思疎通を図っておく必要がある。

RIFの場合にも，意思決定機構とPMOが必要である。PMOは，RIFの対象範囲に目を行き届かせ，各所でプロセスを着実に動かしながら，発生する問題にタイムリーに対処する全体司令塔である。

RIFの実行のキーマンは，製造業の工場でのRIFであれば，本来の役割から工場長，製造部長，人事部長といった面々がイメージされる。RIFでは物事は順調に進むことばかりではないので，これらの方々の現場でのリーダーシップや，コミットメント，頑張りがことさらに重要である。

したがって，平時であればそのポジションに許容できる人物でも，RIFにあっては，想定される困難の内容・度合い次第で，果たして本人がやり切れるかどうか，懸念が生まれる場合もある。その場合は，現場に適材を送り込み，通常の指揮命令系統とは別にRIFに関する指揮命令系統を明確に立てるなど，最初に具体的な対策をとることが，潜在的なダメージを抑えるうえで重要である。

RIFはその性質上，各現場にいる対象従業員までコミュニケーションをとる必要がある。したがって，PMOはいつ，誰が，誰に対して，何を，どのような方法でコミュニケーションするかを明確にするとともに，Q&AやTalking Points，Do's & Dont'sを準備して，説明会／トレーニングを行って準備レベルを引き上げる必要がある。

中には，操業を縮小継続しながら，RIFによって従業員を段階的に減らし，最終的には操業を終了して拠点を閉鎖する，という高度なRIFの設計と実施が求められることもある。この場合には，会社に残って業務を続ける従業員には，短期リテンションボーナスを上乗せし，またコミュニケーションを工夫して士気を保つなどの工夫が必要となる。

⑷　社外ステークホルダーへの配慮

RIFの中でも特に大規模な拠点閉鎖の場合，地域社会，あるいはその国に与

162

える影響が大きい。このため，政治問題となることを回避し，あるいは地域行政の理解・協力が得られるように，丁寧にコミュニケーションを図り，またRIFのアプローチ，実施タイミング（選挙などの重要なイベントへの配慮など），対象従業員の処遇条件の引き上げなどへ配慮することが必要となるケースがある。

同様に，歴史や国情，最近の産業界の動き，当該企業の過去の経緯などから，外国資本の行うRIFに対して，現地で強い反発が起きる場合も想定され，パブリックリレーション上の対策が重要になるケースもある。

一方で，社外で逆風が吹いたとしても，RIFの実施が最善であると意思決定した以上は，準備を整え，社内外で発生する大小の問題に対処して，粛々と完了に向かって進むのがRIFである。

第6章

主要国別の留意点

1 ┃ 各国共通の主要論点の整理

　これまで，カーブアウト・事業売却に関するプロセス，論点，その準備について論じてきた。本章では，実施する段階で，各国において生じる主要な法的・商習慣上の制約と対応の例を紹介するので，参考としていただきたい。

　なお，こうした制約は，当然，対象とする事業・資産やその規模によって異なり，また時間の経過とともに変わるため，売却の準備を始めるときに，具体的に法務アドバイザー等に確認することを強く推奨する。

　図6−1，図6−2には，各国における，主にカーブアウト・資産売却案件の主要な確認事項を取りまとめている。以下に，そのポイントを解説する。

(1) 従業員転籍

　カーブアウト・事業売却において従業員転籍は人事の側面で非常に大きな部分を占めるため，特に留意が必要である。読者の多くは，個別同意が必要であるかどうかを気にすると思われるが，まさに，地域，雇用形態，労働団体の有無に応じてそのプロセスはさまざまである。

　一般的に欧州においてはARD[1]/TUPEに代表される自動転籍の対象となり，

1　Acquired Rights Directive：欧州における従業員転籍時の雇用保障に関する法規則

164

図6-1　主な国固有の確認事項

トピック	カテゴリ		確認事項
従業員転籍	労働組合等労働団体が存在する事業の売却		• ARD/TUPEへの適用等，労働組合等労働団体に所属する従業員の転籍プロセス • 解雇手当，離職手当の要否，就業年数，有給休暇の取扱い等確認 • 労働組合・労使協議会等労働団体以外の，従業員の転籍に伴って通知・コミュニケーションが必要な組織（規制当局等）の有無
	労働組合等労働団体が存在しない事業の売却		• 労働組合等労働団体に所属しない従業員の転籍プロセス • 解雇手当，離職手当の要否，就業年数，有給休暇の取扱い等確認 • その他，従業員の転籍に伴って通知・コミュニケーションが必要な組織（規制当局等）の有無
	その他		• その他，労働団体にかかわらず特殊な転籍手法があるかの確認
労働法の性質	同一法人に複数の処遇条件が許容されるか		• 同一法人内における複数の処遇条件の設定に関する可否 • また，複数の処遇条件を設定する場合の許容範囲
	TSAへの制約		• 人事関係業務（TSA）および主要業務（Employee Lease）の外部提供に対する制約
	解雇に関する規制	一般	• 労働団体等に所属しない従業員の解雇に対する規制・プロセス・しやすさ等
		労働組合等	• 労働団体等に所属する従業員の解雇に対する規制・プロセス・しやすさ等

労使協議会とのコミュニケーションを通じて従業員の転籍を実行する。このようなケースでは，一般的に売り手側の工数が大きく，また，いわゆるComparabilityの制約が強いケースもある。

　また，国によっては，同じ個別同意であっても売り手による解雇・買い手による再雇用となるケースや転籍同意を取得すれば解雇ではなく自己都合退職として扱うケース等，勤続年数や退職一時金等の扱いが異なる場合がある。このように選択ができるケースでは，売り手・買い手間の有利・不利が生じてしまうため，あらかじめ買収契約にて大枠の転籍方法を一括で決めてしまうと，ク

図6－2　主な国固有の確認事項

トピック	カテゴリ	確認事項
労働団体の性質	構成	●国・産業・地域・企業・事業所レベル等，労働団体の構成を確認 ●必要性／定足数等，労働団体の組成の法的な制約
	労働団体との協約	●国・産業・地域・企業・事業所レベル等，CBA等労使協約が合意されているレベル（労使協約変更の難易度の確認）
	関係	●強硬的，柔軟，協力的等，一般的な労働団体の企業に対する態度 ●労働団体の経営への参画の方法 ●個別同意を経ずに一括して従業員とコミュニケーションが取れる，対抗姿勢を示され交渉が難航する等，労働団体が組成されることに対する有利・不利な点
	一般的な合意事項	●昇給率，労働時間，賃金，福利厚生制度等，労使協約での合意事項（変更が困難な条件の確認）
	一般的に対象となる従業員	●ホワイトカラー，ブルーカラー，管理・非管理職，経営陣等，CBA等，労使協約が適用される従業員の範囲

ロージング間際で交渉に時間を取られることを防げる。

(2)　労働法の性質

　以下に，各国労働法の性質について，重要な3つのポイントを説明する。売り手のみならず，買い手も関わってくることに留意が必要である。

①　複数の処遇条件に対する許容度

　主に買い手側の制約となるが，クロージングのタイミングに影響を及ぼす可能性に鑑み，以下に論点を記載する。

　同一法人内で複数の処遇条件が，各国の労働法上許容されるか否かにより，転籍する従業員の雇用条件の柔軟性が異なる。複数の処遇条件が許容される場合，買い手は現状の条件を複製して雇用すればよいが，これが許容されない場合，既存の従業員と同一の雇用条件で雇用し，報酬等で調整する必要がある。

　一方，例えば同一労働同一賃金の制約が強い地域では，同じ等級や同等の役割の既存従業員と著しく異なる報酬を支給することが困難であり，等級を調整する，あるいは，別法人とする等工夫が必要となる。

　売り手からすれば，買い手の判断なので一見無関係ではあるが，上記のとおり複数条件の許容度が低いうえに売り手の処遇条件が著しく高い場合，雇用調整に時間がかかり，クロージングの時期に影響を及ぼすため，あながち無関係ではない。

②　TSAの制約

　TSAの許容度も各国の法制度や商慣習により制約が異なるため，クロージングのタイミングに影響を及ぼしうる項目である。

　主にTSAの制約となりうるのは，他法人に対して人事的（あるいは事務的）サービスを提供することが，アウトソーシングに当たると解釈され，許認可が必要となる場合である。

　また，従業員の転籍が間に合わず，TSAやEmployee Leaseによる手当てに対しては，本業の事業に関するアウトソーシングは人材派遣となり，同様に人材派遣業の許認可が必要となる等の制約がある場合がある。レポートラインや指揮命令系統上の工夫により，こうした制約を避けられることもあるため，詳細な確認が必要である。

　いずれにしろ，サイニング後，少しでもTSAの可能性が考えられる場合は，専門家の意見を仰ぐことが重要である。

③　解雇に対する規制

　カーブアウト・事業売却と従業員の解雇は直接関係がないように見えるが，特に売り手による分離の過程で生じることがあるので，論点として挙げた。

　想定されるケースとして，移籍を予定している従業員が転籍を拒否するケースや，最終的な交渉の結果，特定の事業ドメインが売却の対象から除外され，かつ，売り手としても継続の意思がない場合である。

特に前者の場合は，解雇手当を買い手と折半する等あらかじめ合意しておくことは可能であるが，解雇のプロセスそのものは売り手の責任で行うほかなく，従業員の転籍を伴う売却を予定している場合，留意が必要である。

(3)　労働団体の性質

主に買い手側が注意する内容である。複数の処遇条件に対する許容度やTSAに対する制約と同様，クロージングのタイミングや，買い手側が作成した処遇条件を売り手がレビューする際の指摘事項に対して影響を及ぼしうる。

これまでの質問事項を専門家と確認している過程で浮き上がってくる問いではあるが，体系化して労働団体の性質を理解するのも有効なアプローチとなる。

例えば，買い手が自社の現地拠点と同じ条件で転籍する従業員を処遇しようと考えた場合，対象従業員が地域レベルの労働団体に所属しており，買い手グループへの転籍を経ても，労使協約との対象となり続けることがあれば，対象従業員の処遇条件は変更困難である。

このような事実を知らずに買い手が処遇条件の提示をしてしまった場合，従業員からの反発や条件の再提示等余分な工数を掛けることとなり，従業員転籍のプロセス上，大きなプレッシャーとなる。売り手があらかじめこうした制約を知っておくことで，買い手に対して事前にインプットしておくことや，買い手から提示された処遇条件にプッシュバックすることができれば，こうした余分な工数は避けられる。

2 ┃ 日本におけるカーブアウト・事業売却の論点

日本（Japan）	
人口（2020）	1億2,647万6,461人
名目GDP（2020）	5兆577億5,895万8,707ドル
1人当たり名目GDP（2020）	3万9,990ドル

実質GDP年平均成長率（1991-2020）	0.6%
人口年平均増加率（1991-2020）	0.0%
1人当たり実質GDP年平均成長率(1991-2020)	0.6%

　日本におけるカーブアウト・事業売却の論点を，**図6-3〜図6-5**に整理
した。まず従業員転籍の手法について説明し，次に，従業員転籍にあたって重
要な処遇条件の主要論点を取り上げる。

(1)　従業員転籍の手法

　日本におけるカーブアウト・事業売却は，①事業譲渡または②会社分割の手
法により行われることが多く，従業員転籍にあたっての留意すべきポイントは
異なる点も存在する。

①　事業譲渡

　事業譲渡における従業員の転籍（承継）は，売り手の労働契約を終了し，買
い手による新規雇用により成立する。この手法を進めるにあたって，法令での
規定はないが，労働者保護の観点から，厚生労働省より「事業譲渡又は合併を
行うに当たって会社等が留意すべき事項に関する指針」が出されている。本指
針では，事業譲渡における労働契約の承継に必要な労働者の真意による承諾を
得ること，労働者全体および使用者との間での納得性を高めること等により，
事業譲渡の円滑な実施や労働の保護の助けとなるよう，会社が留意すべき事項
について定めている。手続きの流れは次のとおりである。

(i)　労働組合等との事前協議

- 労働者の過半数で組織する労働組合がある場合は労働組合と，ない場合
  は労働者の過半数を代表する者との間で事前協議を実施する
- 労働組合等との事前協議は，承継予定労働者との事前協議前に実施する
  ことが望ましい。協議の状況によっては，継続協議となるケースもあり

図6－3	日本におけるカーブアウト・事業売却の論点 [1]

トピック	カテゴリ	留意点
従業員承継	労働組合等労働団体が存在する事業の売却	● 代表的なスキームは事業譲渡と会社分割 ● それぞれに労働者保護の観点から関係法令や指針があり，その定めに沿った手続きが必要 ——事業譲渡の場合：厚生労働省「事業譲渡又は合併を行うに当たって会社等が留意すべき事項に関する指針」（以下「指針」という） ——会社分割の場合：会社分割に伴う労働契約の承継等に関する法律（以下「法」という） ● 労働者・労働組合に対して十分に説明を行い，事前の協議を通じて，労働者の理解と協力を得ることに努めることが求められる点は共通。その他の主たる相違点は次のとおり ——事業譲渡の場合：承継対象者より個別の承諾を得る必要あり ——会社分割の場合：法に定められた協議・通知等の手続きを行うことを前提に，対象事業に主として従事する者を分割契約等に定めている場合は異議手続きなく承継。コーポレート部門など，対象事業の主たる従事者以外を承継対象としている場合，および，主として従事する者のうち承継対象としない場合には異議手続きが必要
	労働組合等労働団体が存在しない事業の売却	● 基本的に，上記同様の説明，協議，通知を労働者および労働者の過半数を代表する者に対して行う
	その他	● 事業譲渡の場合：法的制約はないものの，個別の承諾を得る必要があるため，実質的に類似し全体として不利にならないものが望ましい ● 会社分割の場合：法により，原則として同一の内容であることが求められる

出典：厚生労働省ウェブサイト（「指針」：https://www.mhlw.go.jp/hourei/doc/hourei/H200514K0020.pdf，「 法 」：https://www.mhlw.go.jp/general/seido/toukatsu/roushi/01a.html）をもとにマーサー加筆

　うる
● 当該事業譲渡を行う背景や理由，承継予定労働者の範囲，労働協約の承継に関する事項などを協議する

図6-4	日本におけるカーブアウト・事業売却の論点［2］

トピック	カテゴリ		留意点
労働法の性質	同一法人に複数の処遇条件が許容されるか		● 同一法人内で複数の処遇条件を設定することは可能
	TSAへの制約		● Payroll，福利厚生制度，退職給付制度，HRIS等，ITシステムのTSAによる提供について特段の制約はない
	解雇に関する規制	一般	● 普通解雇：本来，民法では2週間前の予告により労働者の解雇が可能（労働基準法により予告期間は30日に延長）であったが，2004年改正労働基準法にて，いわゆる「解雇権濫用法理」が明記され，さらに労働契約法第16条に「解雇は，客観的に合理的な理由を欠き，社会通念上相当であると認められない場合は，その権利を濫用したものとして，無効とする。」と定められるにいたった。このため上記の要件を満たさない場合は解雇権の濫用として無効となる ● 整理解雇：経営上の理由に伴う解雇，いわゆる整理解雇については，「整理解雇法理」が形成されており，①人員削減を行う経営上の必要性，②使用者による十分な解雇回避努力，③被解雇者の選定基準およびその適用の合理性，④被雇用者や労働組合との間の十分な協議などの適正な手続き，といった整理解雇の4要件を満たさない場合は解雇権の濫用として無効となる ● 事業譲渡の際に，承継を承諾しない場合や会社分割の際に，主たる従事者以外が異議申し出により承継を拒んだ場合に，それらを理由とする解雇は認められない点にも留意
		労働組合等	● 上記のほか，対象従業員に適用される労働協約の規定による

出典：独立行政法人労働政策研究・研修機構のウェブサイト（「整理解雇」：https://www.jil.go.jp/hanrei/conts/10/90.html）

(ii) 承継予定労働者との事前協議

- 承諾を得るために時間的余裕を持って，十分な協議を行うことが望ましい
- 当該事業譲渡に関する全体の状況（売り手，買い手の状況を含む）や承継後の主な労働条件（業務内容，就業場所，給与などの処遇条件）を十分に説明することが望ましい

トピック	カテゴリ	留意点
労働団体の性質	構成	● 日本国憲法第28条にて労働三権（団結権・団体交渉権・争議権）による保証のもと，労働者が複数集まれば，労働組合の結成が可能。労働組合法などにより労使関係の詳細が規定されている ● 日本においては，個別の企業ごとに作られる企業別労働組合が中心。企業別組合が集まり産業別労働組合を形成し，さらに産業別組合が集まり日本労働組合総連合会（連合）のような全国的組織を形成 ● 日本全体の単一労働組合は23,392組合，労働組合員は，1,007万8千人（令和3年6月30日現在）
	労働団体との協約	● 労働組合法では，労働組合に対して使用者との間で「労働協約」を締結する権能を認めている
	関係	● 労働組合法第17条において，「一の工場事業場に常時使用される同種の労働者の四分の三以上の数の労働者が一の労働協約の適用を受けるに至ったときは，当該工場事業場に使用される他の労働者に関しても，当該労働協約が適用されるものとする。」とされている ● 労働協約の効力は就業規則や労働契約よりも強く，労働協約に反するそれらの条件は無効となる
	一般的な合意事項	● 賃金，労働時間，休暇，福利厚生制度，解雇規定，等
	一般的に対象となる従業員	● 役員や管理監督者，その他使用者の利益代表とみなされる職種（例：経営企画部門や人事部門など）に従事する従業員を除く従業員を組合員として認めることが多い ● 日本における推定組織率（雇用者に占める労働組合数の割合）は16.9%（令和3年6月30日現在）

図6-5　日本におけるカーブアウト・事業売却の論点［3］

出典：厚生労働省ウェブサイト（労働組合：https://www.mhlw.go.jp/stf/seisakunitsuite/bunya/koyou_roudou/roudouseisaku/roudoukumiai/index.html, 労働組合の状況：https://www.mhlw.go.jp/toukei/itiran/roudou/roushi/kiso/21/dl/01.pdf）

(iii)　**労働契約の承継について承継予定労働者の承諾**

(iv)　**事業譲渡の効力発生，労働契約の承継・不承継**
事前協議から説明，承諾までの手続きでは丁寧な対応が求められるため，従

前の労使慣行を踏まえ，時間的余裕をもって対応することが重要となる。

　承継予定労働者へ買い手が労働契約を提示し，承継予定労働者がその内容について十分に理解し，承諾して初めて承継となるため，労働組合等や承継予定者との事前協議に入る前に，売り手と買い手の間で承継後の労働契約内容について交渉・認識合わせを済ませておくとその後の手続きがスムーズに進められる。

　提示する労働契約内容は，必ずしもすべてが従前どおりの内容である必要はないが，同等かそれ以上の内容でない場合は当然ながら承諾率は低下する。したがって，オファーの内容については交渉の過程において売り手としても意見を申し入れることが望ましい。

②　会社分割

　会社分割における従業員の転籍（承継）は，会社法に基づく会社分割制度であり，分割会社（売り手）と承継会社等（買い手）が締結または作成した分割契約等の定めに従って，分割会社の権利義務が承継会社等に承継される。ただし，労働契約がそのまま承継されるとした場合，労働者に与える影響が大きいため，会社分割時における労働者保護を目的として，「会社分割に伴う労働契約の承継等に関する法律」（以下「承継法」という）等において，必要な手続きが定められている。手続きの流れは次のとおりである。

(i)　労働者の理解と協力を得る努力（承継法第7条）

- ここでは，承継対象となる労働者や事業場のみならず，すべての事業場において，当該事業場の労働者の過半数で組織する労働組合と協議，労働者の過半数で組織する労働組合がない場合においては，労働者の過半数を代表する者との協議その他これに準ずる方法を行うことが求められている
- 遅くとも労働者との協議開始までに行うことが望ましい

(ii)　**労働協約の債務的部分の承継に関する労使同意（承継法第6条）**
- 分割契約の締結，または，分割計画の作成までに合意しておくことが望ましい

(iii)　**労働者との協議（商法等改正法附則第5条）**
- 通知期限日までに協議を実施し，完了しておく必要がある

(iv)　**労働者・労働組合への通知（承継法第2条）**
- 通知の対象は，承継される事業に主として従事する労働者（以下「主従事労働者」という），主従事労働者以外の労働者であって承継会社等に承継される労働者（以下「承継非主従事労働者」という），分割会社との間で労働協約を締結している労働組合
- 通知すべき事項は**図6−6**参照

(v)　**該当労働者による異議の申し出（承継法第4条，第5条）**
- 異議申し出の対象となるのは，主従事労働者のうち承継対象ではない労働者，承継非従事労働者のうち承継対象となっている労働者
- 通知から異議申し出期限までに少なくとも13日間を置く必要あり

(vi)　**会社分割の効力発生，労働契約の承継・不承継（承継法第3条〜第5条）**
　会社分割の場合も，事業譲渡の場合と同様かそれ以上に余裕を持ったスケジュールを立案する必要がある。なお，労働契約に定めた労働条件をそのまま承継しないことなどを目的として，労働者から個別同意を取得して転籍させる手法を選択するケースも見られるが，その場合も上記の手続きを省略できない点には留意が必要である。

図6－6	会社分割における労働者および労働組合への通知事項例

	通知事項	労働者	労働組合
①	通知の相手方たる労働者が承継会社等に承継されるか否かに関する分割契約等の定めの有無	○	×
②	当該労働者の異議申出期限日	○	×
③	当該労働者が主従事労働者または承継非主従事労働者のいずれに該当するかの別	○	×
④	当該労働者が分割会社と締結している労働契約であって，分割契約等に承継する旨の定めがある場合には，その内容である労働条件はそのまま維持されること	○	×
⑤	承継される事業の概要	○	○
⑥	会社分割の効力発生日以後における分割会社および承継会社等の商号・住所（設立会社については所在地）・事業内容・雇用することを予定している労働者の数	○	○
⑦	会社分割の効力発生日	○	○
⑧	効力発生日以後における分割会社または承継会社等において当該労働者が従事する予定の業務内容・就業場所その他の就業形態	○	×
⑨	効力発生日以後における分割会社および承継会社等の債務の履行の見込みに関する事項	○	○
⑩	承継（不承継）に異議がある場合には，異議申出を行うことができること，当該異議申出を受理する部門の名称・住所または担当者の氏名・職名・勤務場所	○	×
⑪	分割会社と労働組合との間で締結している労働協約が承継会社等に承継されるか否かに関する分割契約等の定めの有無	×	○
⑫	承継される労働者の範囲（当該範囲の明示によっては当該労働組合にとって労働者の氏名が明らかとならない場合には当該労働者の氏名）	×	○
⑬	労働協約を承継させる場合には，承継会社等が承継する労働協約の内容	×	○

出典：厚生労働省ウェブサイト（https://www.mhlw.go.jp/file/06-Seisakujouhou-12600000-Seisakutoukatsukan/0000135994.pdf）

(2)　処遇条件の留意点

　会社分割の場合は，労働契約は包括承継されるため，その構成要素である労働条件も原則として可能な限り従前どおりとなる。一方で，事業譲渡の場合は，労働条件を変更して提示することは可能である。ただし，前述のとおり，承諾率に影響が出るため，提示する労働条件は従前と同等かそれ以上の内容であることが望ましい。

　事業譲渡の際には，勤続年数の取扱いが論点になる場合がある。例えば，年次有給休暇の付与日数や，私傷病休職の期間，永年勤続表彰など勤続年数に影響を受ける労働条件がある場合である。この場合，売り手と買い手の双方の交渉により，取扱いを定めて売買契約書等に反映しておく必要がある。また，退職給付制度についても，例えば，退職一時金制度などその制度の性質により，承継時に清算する，あるいは，承継時に清算せずに買い手側に引き継ぐことをいずれも選択可能な場合がある。これらの取扱いについても交渉を行い，売買契約書等に反映しておく必要がある。

　事業再編・事業売却の場面では，事業譲渡か会社分割かを問わず，売り手が対象となる労働者に配慮し，一定の期間，労働条件を変更しないことを買い手に求めることが多い。何年間が適切かはそれぞれの会社の状況や労使の慣行にもよるが，過去の支援した事例で，最もよく目にしたのは1年間であった。長い場合では3〜5年という例も数件あった。

　最後に，事業再編・事業売却時の労働条件についての労使交渉の際には，労働組合等から過去の同様ケースと同じ取扱いを求められることが多い。その時々の経営状況に応じて改めて交渉をすることは当然ではあるが，労働組合等としては交渉のスタートポイントとの認識となるため，今後，初めて事業再編・事業売却を実行される場合には，前例となるという点も留意し，対応を検討することを推奨する。

3 ┃ 米国におけるカーブアウト・事業売却の論点

アメリカ合衆国 (United States of America)	
人口（2020）	3億3,100万2,651人
名目GDP（2020）	20兆8,937億4,600万ドル
1人当たり名目GDP（2020）	6万3,123ドル
実質GDP年平均成長率（1991-2020）	2.40%
人口年平均増加率（1991-2020）	0.90%
1人当たり実質GDP年平均成長率(1991-2020)	1.40%

　米国におけるカーブアウト・事業売却の論点を，**図6－7**，**図6－8**に整理した。まず従業員転籍の要諦について説明し，従業員転籍にあたって重要な処遇条件の主要論点と売り手の役割を取り上げる。

(1)　従業員転籍の手法

①　従業員転籍のポイント

　カーブアウト・事業売却において，米国では買い手から従業員に対してオファーレターを発行し，転籍を促すことが一般的である。もし転籍に同意しない場合には売り手（自社）側で別部門での活用あるいは解雇について検討する必要があるため，売り手は買い手に任せっきりにするのではなく，買い手と協力して従業員転籍を円滑に進めていく必要がある。

　ただし，オファーのプロセス自体は買い手が主導することになるため，売り手の主な役割は転籍プロセスが円滑に進むことのサポートになる。具体的には買い手が検討したオファーパッケージが従業員にとって受け入れることができるものであるかについて検証し，買い手に対して助言することが求められる。

(2)　処遇条件の留意点

　まず，前提として一般に米国の労働法下においてはAt Willに基づく雇用と

図6－7　米国におけるカーブアウト・事業売却の論点［1］

トピック	カテゴリ		詳　細
従業員転籍	労働組合等労働団体が存在する事業の売却		• 従業員を転籍させる必要がある場合は，対象者に対するオファーレターや通知書が必要となる
	労働組合等労働団体が存在しない事業の売却		• 労働組合が存在する場合は交渉が必要となるが，交渉内容は労使協約等を参照する必要がある
労働法の性質	同一法人に複数の処遇条件が許容されるか		• コンプライアンス上の問題（401kにおける非差別テストなど）がない限りは同一法人に複数の処遇条件が許容される
	TSAへの制約		• 年金制度のTSAは売り手から受け入れづらい • Employee Lease，その他一般的なTSAは対応可
	解雇に関する規制	一般	• At Willに基づく雇用慣習であるため，特に制限はないが，個別の労働契約に規定されている場合はそれに準じる • セベランス（解雇手当）を支払う必要がある • 州によっては企業買収の結果，解雇された従業員に対して賃金補償が必要な場合がある（ティン・パラシュート法）
		労働組合等	• 労働協約に特定の場合による解雇時の取扱いが規定されているケースは労働協約に従う必要がある • セベランス（解雇手当）を支払う必要がある • 州によっては企業買収の結果，解雇された従業員に対して賃金補償が必要な場合がある（ティン・パラシュート法）

なっており，会社側は（たとえ従業員にとって不利益な変更であったとしても）原則，自由に人事制度を変更することができる。しかしながら従業員にとって不利益な人事制度変更は従業員のモチベーション低下や生産性に悪影響を与えるため，買い手にとって，転籍対象者に対する魅力的な処遇条件の提示（転籍オファー）は円滑な従業員移管に加え，買収後のビジネスパフォーマンスの観点からも重要になる。

　ここからは，米国における具体的な処遇条件の特徴と魅力的な処遇条件の提示のための売り手の役割について論じていく。

① **複雑な福利厚生**

　米国における処遇条件の最初の特徴としては，その複雑な福利厚生（各種医

| 図6-8 | 米国におけるカーブアウト・事業売却の論点[2] |

トピック	カテゴリ	詳　細	留意点
労働団体の性質	構成	・米労働総同盟産別会議（AFL-CIO）を頂点とする労働組合連合の傘下に産業別組織があり，さらにその下にローカルユニオンが属している ・交渉は職場や地域別に設立された支部と実施する	・過半数に支持されている労働組合からの団体交渉の申し入れは拒否することはできない
	労働団体との協約	・産業別の労働組合の基本協約に加え，ローカルユニオンは当該交渉単位に関わる独自の問題も交渉事項とすることができる ・一般に労働協約の有効期間を3～4年程度とすることが多い	・交渉単位は労使間の協議で決定される ・団体交渉は過半数を占める労働組合・従業員代表のみが実施できる排他的交渉代表性が採用されている
	関係	・労使関係は業界・職種・企業によりさまざまであり，一概に論じることは難しい	
	一般的な合意事項	・賃金，労働時間，その他の労働条件	
	一般的に対象となる従業員	・ブルーカラーの従業員のみを対象とすることが多い	・対象範囲はルール化されているわけではなく労使の協議により決定される

療保険制度，401k）が挙げられる。

　まず，医療保険制度については，米国には日本でいうところの健康保険組合のようなものは存在せず，雇用主が民間医療保険を準備して従業員が個人の事情に応じて適切な保険を購入する仕組みとなっており，どのような補償内容の保険をどの程度の保険料（従業員負担分）で購入できるかについては従業員の関心も高く，買い手からのオファーの優劣を従業員が判断する重要な要素となっているため，注意が必要となる。

　実際，民間医療保険の種類は多種多様であり，費用についても会社の従業員規模などにより異なっているため，買い手が売り手と完全に同一な民間医療保

険を準備できるケースは稀であり，多くのケースでは「似たような医療保険パッケージ」を提示するケースが多い。従業員にとってメリットのあるケースであればよいが，そうでない場合は一時金などで補填することが必要となる。

　したがって，円滑な従業員移管を実現するためには売り手は買い手が提示する民間医療保険のレビューを実施し，必要な補填を買い手に求める交渉が必要となる。

　401kについても同様のことがいえ，マッチング（従業員拠出分に対する会社側の負担分）について，売り手に比して買い手の水準が低い場合には何らかの補填を検討する必要がある。

②　多様な報酬スキーム

　2つ目の特徴として多様な報酬スキームが挙げられる。米国では，LTI，Sales IncentiveやDeferred compensationなど多種多様なインセンティブプランが慣習として存在しており，幅広い階層の従業員に提供されている。これらの制度が買い手に存在していない場合や，水準が売り手より低い場合にはBenefitと同様に何らかの補填を検討する必要がある。

③　同等とみなせるパッケージの提示

　ここまで述べてきたように，売り手で移管対象の従業員を処遇していたパッケージと同等なパッケージを買い手でも用意する必要がある。ただし，冒頭に述べたように，米国においては労働条件の不利益変更が禁止されているわけではないため，転籍対象となる従業員が納得さえすればよいことになる。したがって，売り手側の複雑な制度を必ずしも買い手側で複製（レプリカ）する必要はなく，全体として同等とみなせるパッケージが提示できればよい。

　このようなパッケージを買い手側に用意させるには，まずは売り手の制度内容を正確に買い手に伝えるとともに，買い手側の制度を正確に理解しギャップを把握する必要がある。

　繰り返しになるが，このような密なコミュニケーションにより円滑に従業員

の移管が進むことは，売却事業の手離れが良くなるため売り手側にとってもメリットは大きい。

(3) その他留意点

　従業員転籍に際しては，売り手を退職することになるが，雇用契約の中に，事業売却時に売り手からセベランス（解雇手当）を支給することが定められている場合があり，その場合はセベランスを支給しなければならない。その場合，売り手にとっては想定外のコストが必要になる点に留意が必要である

　また，万が一，Day1までに従業員の転籍を完了することが困難な場合には，売り手で移管対象従業員の雇用を継続しながらEmployee Leaseという方法で移管対象従業員を買い手側で売却した事業に従事させることが可能である。

　ただし，この場合，Day1後も売り手側で移管対象従業員の管理（給与支払い，ベネフィットの提供，労務管理）を行う必要があり，売り手側で管理工数が多くかかってしまう点に留意が必要である。

4 ┃ 中国におけるカーブアウト・事業売却の論点

中華人民共和国 (People's Republic of China)	
人口 (2020)	14億3,932万3,776人
名目GDP (2020)	14兆7,228億52万8,253ドル
1人当たり名目GDP (2020)	1万229ドル
実質GDP年平均成長率 (1991-2020)	9.3%
人口年平均増加率 (1991-2020)	0.7%
1人当たり実質GDP年平均成長率 (1991-2020)	8.6%

　中国では雇用契約の包括承継が利用でき，従業員転籍のプロセスは比較的シンプルといえるが，「同一労働・同一賃金」の原則に準拠した対応が求められる可能性が高く，これがプロセス全体のボトルネックとなりうる。また，

TSAの利用や集団解雇にあたっても売主として気をつけておくべき点があるため，留意点を以下にまとめている（**図6－9**，**図6－10**）。

図6－9	中国におけるカーブアウト・事業売却の論点［1］

トピック	カテゴリ		留意点
従業員転籍	労働組合等労働団体が存在する事業の売却		• 労働組合の存否によらず，雇用条件の変更を伴わない場合は，従業員本人や労働組合との協議なしで，雇用は新たな雇用主へ自動的に承継される • 雇用条件の変更が予想される場合，労働組合，従業員代表または全従業員との協議が必要となるため，十分な期間を要する • 雇用契約の終了を伴わないため，セベランスの支払いは不要
	労働組合等労働団体が存在しない事業の売却		
	その他		• 現雇用主・従業員・新雇用主の三者協定に基づき，現法人を退職し，新雇用主と雇用契約を結び直す手法を取ることも可能 • 在籍期間が引き継がれる場合はセベランスの支払いは不要だが，引き継がれない場合には従業員側にセベランスの請求権が発生
労働法の性質	同一法人に複数の処遇条件が許容されるか		• 同一労働・同一賃金の要件があるため，複数の処遇条件は併存できないが，異なるクラスの従業員間での差異は認められる場合がある • 従業員保険についても統合が望ましいため，保険会社との交渉・手続きを踏まえた期間の確保が求められる
	TSAへの制約		• TSAに基づくサービス提供は認められるが，Employee Leaseは禁止 • 従業員が自らを買主の従業員または代理人と称する場合，または従業員が買主の名義で事業活動を行う場合に従業員リースとみなされる
	解雇に関する規制	一般	• 解雇不服として労働紛争が起きた場合，雇用主側に解雇事由の証明責任が存する • 雇用主が解雇事由を証明できない場合，通常の2倍のセベランスの支払義務が生じる
		労働組合等	• 20人以上または10%以上の従業員の解雇にあたっては労働組合への30日前の事前通知，地方当局に報告の義務がある • 労働組合の存在が解雇の難易度を大幅に上げることはない

トピック	カテゴリ	留意点

図6-10 中国におけるカーブアウト・事業売却の論点［2］

トピック	カテゴリ	留意点
労働団体の性質	構成	●労働組合は，国・省・都市・企業単位で構成されており，産業別組合は存在しない ●同一法人内に複数の労働組合は併存できない ●都市レベル以上の労働組合は，通常，各企業の決定・交渉には関与しない ●消滅会社の労働組合は解散し，吸収合併の場合，従業員は存続会社の組合に自動加入
	労働団体との協約	●企業単位で締結されることが一般的 ●工業団地内の全企業など，複数事業主が同じ労働協約を結ぶ例も見られる
	関係	●一般的に友好的な労働組合が多く，脅威になる場合は少ない ●対立的ではないものの，労働協約の不利益変更，集団解雇などの場合には労働組合との事前協議が必要
	一般的な合意事項	●最低賃金，最低昇給率，労働組合の役割が一般的な協約事項 ●その他，賃金や女性従業員保護に関して特別な協約が結ばれることも多い ●通常，協約事項が法的要件を大きく上回ることはなく，最低賃金と最低昇給率は地方当局が公表する市場平均に沿った水準
	一般的に対象となる従業員	●管理職を含む全従業員が労働協約の適用を受ける

(1) 従業員転籍の手法

① 一般的な転籍手法

中国においては労働組合の存否や売却スキーム（新法人設立，吸収合併など）によらず，雇用契約は新たな雇用主に包括承継される。このときに，雇用条件の変更を伴わないのであれば，従業員の転籍に際して従業員本人や労働組合との事前協議は不要であり，従業員への通知で事足りる。また，雇用契約の終了を伴わないためセベランスの支払いは不要と解されるが，取扱いについては法務アドバイザーに確認されたい。

②　その他の転籍手法

　雇用契約の包括承継以外には，転籍元・従業員・転籍先の三者間協定に基づいて個別に転籍をオファーする手法も見られる。仕組みとしては，従業員が転籍元の法人を退職して転籍先の法人と新たな雇用契約を結ぶ格好になるが，過去の全在籍期間が引き継がれる場合にはセベランスの支払いは不要となる。一方で，在籍期間が引き継がれない場合，従業員には転籍元の法人での在籍期間に基づいたセベランスの請求権が発生する。このとき，セベランスの経済的負担は売り手と買い手の交渉になるものと解される。

　なお，転籍を拒否した従業員は転籍元の雇用に残るため，セベランスを支払って解雇するか，配置転換して雇用し続けるかは売主の判断に委ねられる。

③　TSAの制約

　TSAに基づいてサービスを提供する場合に売り手として留意すべきなのは，Employee Leaseの要件を構成しないようサービス提供に携わる従業員の認識・行動を徹底することである。違法に人材派遣業を営んだとみなされるリスクを避けるためには，当該従業員が（A）自らを買主側の従業員または代理人と称してはならず，（B）買主の名義で事業活動や第三者との取引を行ってはならない。

　具体的には，売り手の情報が記載された名刺を使用する，売り手の会社規程・規則や就業規則を遵守するなど，買主へのサービス提供や第三者との取引において当該従業員が売り手の従業員であることを示すことが肝要である。

(2)　処遇条件の留意点

　中国には同一労働・同一賃金の原則が定められており，単一法人内での複数の処遇条件や報酬水準の併存は認められていない。このため，従業員転籍に際して，多くの場合，処遇条件統合を伴うことが予想される。処遇条件の不利益変更にあたっては，労働組合，従業員代表あるいは全従業員との協議が必要となることから，転籍実施までに雇用契約書や就業規則等の修正に係る事務手続

184

きが発生することを念頭に置かれたい。

　また，生命保険や医療保険などの従業員保険も処遇条件の一部と解され，他国で見られるグランドファザリング（既存加入者のみ現行プランを継続適用する）では同一労働・同一賃金の原則に準拠できない点にも留意が必要となる。通常，実際に保険会社との交渉に当たるのは買い手となるが，売り手においてもこの点を考慮した余裕を持ったスケジュールを組まれることが望ましい。

　なお，同一労働・同一賃金の原則下にあっても，オフィスワーカーと生産オペレーターなど明らかに異なるグループに属する従業員間での差異は認められる場合がある点を付記しておく。

(3)　その他──解雇規制

　まず，中国の労働組合は，全国・省単位・都市単位・企業単位の複層構造となっており，産業別組合は存在しない。企業別組合はそれぞれの上部団体に属しており，唯一のナショナルセンターである中華全国総工会に連なっているが，労働協約をはじめとする労使協議・労使合意は企業別の労使によって行われ，通常，上部団体が関与することはない。一般的に中国の労使関係は友好的であり，経営の脅威となることは少ないとされている。

　次に，解雇については，使用者は従業員の過失，従業員の能力不足・健康上の理由，人員余剰のいずれかの事由で解雇を行うことができるが，解雇不服として労働紛争が生じた場合には使用者側に解雇事由の正当性を証明する義務が生じ，証明できない場合は倍額のセベランスが発生する。このため，解雇の難易度は比較的高いものと解される。したがって，セベランスと同額の経済的補償を支払うことで双方合意のうえでの退職という形に持ち込むことが多い。

　また，解雇にあたっては労働組合への通知が求められ，特に20人以上または全従業員の10パーセントの従業員を整理解雇する場合は30日前に労働組合または全従業員への説明と現地の労働局に対する報告が必要となる。ただし，一般的には組合の存否によって解雇の難易度が大幅に上がることはない。

5 │ 英国におけるカーブアウト・事業売却の論点

グレートブリテンおよび北アイルランド連合王国 (United Kingdom of Great Britain and Northern Ireland)	
人口（2020）	6,788万6,011人
名目GDP（2020）	2兆7,641億9,765万3,965ドル
1人当たり名目GDP（2020）	4万718ドル
実質GDP年平均成長率（1991-2020）	1.7%
人口年平均増加率（1991-2020）	0.6%
1人当たり実質GDP年平均成長率(1991-2020)	1.1%

　英国におけるカーブアウト・事業売却の論点を，**図6－11**，**図6－12**に整理した。まず従業員転籍の手法について説明し，次に労働組合が存在する場合の留意点を挙げる。最後に，従業員転籍にあたって重要な処遇条件の主要論点を取り上げる。

(1)　従業員転籍の手法

　英国におけるカーブアウト・事業売却に伴う従業員転籍は，TUPE（Transfer of Undertakings-Protection of Employment）と呼ばれる事業移管に伴う雇用保護の法律の下，現行の雇用・労働条件（企業年金等は除く）が，自動的に買い手に承継される。

　従業員転籍に際して同意取得は不要であるが，従業員は雇用契約の承継に異議を唱えることができる。ただし，その場合，現行の雇用契約が終了となるため，多くのケースにおいて買い手への承継が受け入れられる。

　労働組合へは事前に，移管のタイミングや理由，従業員への法的・経済的・社会的影響，移管に伴い想定される措置等を通知する必要がある。事前通知のタイミングについては，法的に明示されていないものの，遅くとも2～4週間前には通知することが一般的である。労働組合が存在しない場合は，労働組合

186

| 図6-11 | 英国におけるカーブアウト・事業売却の論点［1］ |

トピック	カテゴリ		詳　細
従業員転籍	労働組合等労働団体が存在する事業の売却		• TUPE（Transfer of Undertakings - Protection of Employment）と呼ばれる事業移管に伴う雇用保護の法律が存在し，現行の雇用・労働条件（企業年金等は除く）とともに自動的に承継される • 従業員は雇用契約の承継に異議を唱えることが可能であり，その場合には雇用契約が終了する • 労働組合へ事前に移管のタイミングや理由，従業員への法的・経済的・社会的影響，移管に伴い想定される措置等を通知する必要がある。事前通知のタイミングは法的に明示されていないものの，遅くとも2〜4週間前には通知することが一般的である
	労働組合等労働団体が存在しない事業の売却		• 基本的な要件は上記と同じであるが，労働組合への通知に代え各従業員へ事前に通知する必要がある
	その他		
労働法の性質	同一法人に複数の処遇条件が許容されるか		• 同一法人内で複数の処遇条件を設定することは可能
	TSAへの制約		• Payrollや人事関係業務（TSA）および主要業務（Employee Lease）の外部提供は可能
	解雇に関する規制	一般	• 勤続年数に応じ定められた解雇予告期間に沿って，解約告知を行ったうえで解雇を行う必要がある。 • 解雇予告分の賃金の支払いにより予告期間を短縮することが可能
		労働組合等	• 90日以内に20名以上の労働者を解雇する場合には，労働組合または従業者代表と事前に協議を行う必要がある

への通知に代え各従業員へ事前に通知する必要がある。

(2)　労働組合が存在する場合の留意点

　労働組合は産業別労働組合が一般的で，特定の業界，産業または会社の労働者に代わり，団体交渉を通じて賃金，福利厚生，労働条件の改善について交渉を行う。労働者に代わり団体交渉を行うには，雇用主に対して組合の承認を求め，承認された組合が労働者代表の役割を担うこととなる。

図6－12　英国におけるカーブアウト・事業売却の論点［2］

トピック	カテゴリ	詳　細
労働団体の性質	構成	● 産業別労働組合が一般的である ● 雇用主に対し組合の承認を求め，承認された組合が労働者代表の役割を担う
	労働団体との協約	● 使用者と承認された労働組合との間で締結される
	関係	● 労使関係は比較的良好である
	一般的な合意事項	● 賃金や労働時間等の労働条件，ならびに従業員代表の選定や団体交渉の手続き等 ● 労働協約は最低基準を設定するものではなく，雇用契約の橋渡し条項によって法的拘束力を持つ性質のため個別契約の内容が優先される
	一般的に対象となる従業員	● 雇用契約に橋渡し条項を有していれば組合員か否かにかかわらず労働協約が適用される

　90日以内に20名以上の労働者を解雇する場合には，労働組合または従業員代表と事前に協議を行う必要がある。

(3)　処遇条件の留意点

　英国ではTUPEにより，事業譲渡が発生すると，現行の雇用・労働条件は自動的に承継される。承継された労働条件のうち労働協約に基づく労働条件については1年以内の不利益変更は認められていない。

　また，個別契約などによって承継された労働条件については，労働条件変更の唯一または主たる理由が当事業譲渡である場合は無効となる。ただし，変更の唯一または主たる理由が，労働力の変更を伴うような経済的・技術的・組織的理由で，使用者と労働者が合意している場合，または個別契約上，使用者に条件変更が認められている場合は，条件変更は無効とならない。譲渡からどの程度の期間経過すれば，譲渡と関係のない変更と判断されるかはケース・バイ・ケースであり，法務アドバイザー等への確認を推奨する。

　それ以降に不利益を伴う処遇条件の変更を行う場合は，労働者代表である承

認労働組合との交渉，あるいは個別契約での個々の同意を得て進めることとなる。

6 ┃ フランスにおけるカーブアウト・事業売却の論点

フランス共和国 （French Republic）	
人口（2020）	6,751万5,709人
名目GDP（2020）	2兆6,303億1,773万1,455ドル
1人当たり名目GDP（2020）	3万8,959ドル
実質GDP年平均成長率（1991-2020）	1.3%
人口年平均増加率（1991-2020）	0.5%
1人当たり実質GDP年平均成長率（1991-2020）	0.8%

　フランスにおけるカーブアウト・事業売却の論点を，**図6－13**，**図6－14**に整理した。まず従業員転籍の手法について説明し，次に労働組合が存在する場合の留意点を挙げる。最後に，従業員転籍にあたって重要な処遇条件の主要論点を取り上げる。

(1)　従業員転籍の手法

　フランスにおけるカーブアウト・事業売却に伴う従業員転籍は，ARD（Acquired Rights Directive）が適用されるか否かで大きくプロセスが異なる。

　ARDが適用される場合は，現行の労働条件，CBAとともに自動的に雇用契約が承継される。フランスの特徴として，従業員による承継の拒否は認められていないため，承継を望まない場合はいったん買い手に転籍された後に辞職することとなる。

　一方，ARDが適用されない場合は，事前に書面にて売り手，買い手，従業員の三者契約を締結し，個別に同意を取得することによって転籍が実現する。

　いずれのケースにおいても事業譲渡の決定前に労使協議会へ通知，協議が必

図6－13　フランスにおけるカーブアウト・事業売却の論点［1］

トピック	カテゴリ	留意点
従業員転籍	労働組合等労働団体が存在する事業の売却	• ARD（Acquired Rights Directive）が適用される場合，現行の労働条件，CBAともに自動的に承継され，従業員による承継拒否も不可（承継を望まない場合は承継後に辞職） • ARDが適用されない場合，事前に書面にて売り手，買い手，従業員の三者契約を締結し同意を取得する必要がある • いずれのケースも事業譲渡の決定前に労使協議会への通知，協議が必要 • 自動転籍プロセスの場合，次のCBAが締結されるまで最大15か月間（3か月の通知期間＋1年間）は現行の条件を維持する必要がある • 個別同意プロセスの場合，新たな労働条件は自由に設定可能となるが，同意を得るためには同等レベルの条件を提案することが一般的である
	労働組合等労働団体が存在しない事業の売却	• 基本的な要件は上記と同じである。労使協議会がない場合，従業員代表へ事前に通知する必要がある
	その他	
労働法の性質	同一法人に複数の処遇条件が許容されるか	• 同一法人内で複数の処遇条件を設定することは可能
	TSAへの制約	• Payrollや人事関係業務(TSA)の外部提供は可能。Employee LeaseはNon-profit従業員のみに認められている
	解雇に関する規制　一般	• 組織変動を理由とする解雇は禁止されている
	解雇に関する規制　労働組合等	• CBAに解雇手続き（解雇予告期間，解雇補償金の上積み等）が規定されている

要となる。

(2)　労働組合が存在する場合の留意点

　フランスは産業別，地域別に労働組合が組織され，50名以上の従業員を雇用する会社では労使協議会の設置が義務づけられている。労働組合とのCBAは産業ごとの最低基準の規範として作用する位置づけで，企業レベルの労働条件等は労使協議会との協定により規定される。

図6－14	フランスにおけるカーブアウト・事業売却の論点 [2]	

トピック	カテゴリ	留 意 点
労働団体の性質	構成	● 産業別，地域別に労働組合が組織される ● 50名以上の従業員を雇用する会社では労使協議会の設置が義務づけられている
	労働団体との協約	● CBAは産業別労働組合との交渉によって締結され，産業ごとの最低基準の規範と作用している ● 加えて，企業別の協定が労使協議会との交渉によって締結され，企業レベルの労働条件等について決定している
	関係	● 中央労働組合は政治レベルで強い影響力を持っているが，企業レベルでは柔軟な対応をしておりフラットな関係といえる
	一般的な合意事項	● CBAは主に報酬（最低賃金），男女間の平等，組合活動の権利等 ● 企業別協定は，昇給，手当，労働時間等
	一般的に対象となる従業員	● 組合員の比率は10％未満に留まるが，CBAはその産業で働くすべての労働者に拡張適用されるため，経営者を除くすべての従業員が対象

　事業譲渡が発生した場合には，決定前に労使協議会への通知，協議を行うことが必要である。

(3)　処遇条件の留意点

　フランスでは，ARDが適用される場合，雇用契約の移管に伴い，労働条件やCBAが自動的に承継されることとなり，次のCBAが締結されるまで最大15か月間（3か月の通知期間＋1年間）は現行の条件を維持する必要がある。
　一方，ARDが適用されず，三者契約を通じ個別同意にて雇用契約を移管する場合，新たな労働条件は自由に設定可能となるが，同意を得るためには現行と同等レベルの条件を提案することが一般的である。

7 | ドイツにおけるカーブアウト・事業売却の論点

ドイツ連邦共和国（Federal Republic of Germany）	
人口（2020）	8,378万3,942人
名目GDP（2020）	3兆8,464億1,392万8,654ドル
1人当たり名目GDP（2020）	4万5,909ドル
実質GDP年平均成長率（1991-2020）	1.2%
人口年平均増加率（1991-2020）	0.2%
1人当たり実質GDP年平均成長率（1991-2020）	1.0%

　ドイツにおけるカーブアウト・事業売却の論点を，図6－15，図6－16に整理した。まず従業員転籍の手法について説明し，次に労働組合が存在する場合の留意点を挙げる。最後に，従業員転籍にあたって重要な処遇条件の主要論点を取り上げる。

(1) 従業員転籍の手法

　ドイツにおけるカーブアウト・事業売却に伴う従業員転籍は，TUPE（Transfer of Undertakings-Protection of Employment）と呼ばれる事業移管に伴う雇用保護の法律があり，雇用契約，労使協議会での合意事項，あるいはCBAは自動的に買い手に承継される。

　他方，従業員は買い手の雇用契約承継に対して拒否権を有しており，拒否をした場合は売り手の従業員として継続雇用される。売り手にとっては売却した事業の従業員を抱えることとなるため，解雇保護規制を考慮しつつ，このような従業員を解雇する必要が出てくる場合がある。そこで発生しうる追加コストは，通常売り手が負担することとなるため，拒否権が行使されることがないよう従業員との丁寧なコミュニケーションが求められる。

図6－15　ドイツにおけるカーブアウト・事業売却の論点［1］

トピック	カテゴリ		留意点
従業員転籍	労働組合等労働団体が存在する事業の売却		● TUPE（Transfer of Undertakings – Protection of Employment）と呼ばれる事業移管に伴う雇用保護の法律があり，雇用契約，労使協議会との合意，CBAは自動的に承継される ● 承継された労働条件や合意事項は転籍から1年間，条件引下げを伴う変更は認められていない ● 従業員は転籍を拒否する権利を有し，拒否した場合は売り手の従業員として残ることとなる ● 労使協議会へ①移管の予定日，②移管の理由，③従業員への影響，④従業員に対して予定されている措置等について事前に通知しなければならない。従業員に対して何らかの措置を予定している場合は，労使協議会との協議が義務づけられている
	労働組合等労働団体が存在しない事業の売却		● 基本的な要件は上記と同じである。労使協議会がない場合，各従業員へ事前に通知する必要がある
	その他		● 取引形態や移管資産・事業によっては，三社契約による従業員移管が求められることがある
労働法の性質	同一法人に複数の処遇条件が許容されるか		● 同一法人内で複数の処遇条件を設定することは可能
	TSAへの制約		● Payrollや人事関係業務（TSA）および主要業務（Employee Lease）の外部提供は可能
	解雇に関する規制	一般	● 勤続年数に応じ定められた解雇予告期間に沿って，解約告知を行ったうえで解雇を行う ● 重大な事由による解雇の場合は，即時解雇が認められる
		労働組合等	● 労使協議会が存在する場合は解雇前に意見聴取を行う必要がある ● 集団解雇の場合の解雇手当は労使協議会との交渉により決定される

　従業員転籍で求められる手続きとして，労使協議会に対し，以下を事前に通知しなければならない。

① 移管の予定日

図6－16	ドイツにおけるカーブアウト・事業売却の論点［2］

トピック	カテゴリ	留　意　点
労働団体の性質	構成	● 労働組合と労使協議会の二元的労働者代表システムを有する。労働組合は，労働協約によって労働者の利益を代表し，労使協議会は事業所レベルで協定を締結し労働者の利益を代表する ● 労働組合は，産業レベルで組織されている（産業別労働組合）
	労働団体との協約	● 大企業では企業ごとの協約も締結が可能ではあるが，産業別労働組合との協約が一般的である
	関係	● 労働組合は交渉力があり，アグレッシブな交渉を行うケースがしばしば見られる
	一般的な合意事項	● 報酬や福利厚生を含む一般的な雇用条件
	一般的に対象となる従業員	● CBAはTariff employeesに適用される ● 労使協議会との協定はシニアマネージャー，経営陣を除くすべての従業員が一般的である

②　移管の理由
③　移管に伴う従業員への影響
④　移管に伴い従業員に対して予定されている措置等

　例えば，売り手の企業年金制度や健康保険等，買い手で同じ制度を提供することができない場合は，同等レベルの制度の提供が求められる。こうした従業員に対して予定されている措置がある場合は，特に丁寧なコミュニケーションを行う必要があり，協議に必要な時間を十分に確保しておく必要がある。
　労働組合や労使協議会が存在しない場合も基本的な要件は同じであるが，労使協議会への事前通知の代わりに各従業員へ直接通知する必要がある。

(2)　労働組合が存在する場合の留意点

　ドイツでは労働組合と労使協議会の二元的労働者代表システムを有しており，労働組合は産業別労働組合が存在し労働協約によって労働者の利益を代表，労

使協議会は事業所レベルで協定を締結し労働者の利益を代表する建付けとなっている。

　事業売却に伴う従業員側への通知，協議の役割は労使協議会が担っており，CBAに規定がなければ労働組合への通知，協議の義務はない。

(3)　処遇条件の留意点

　事業移管に伴い承継された労働条件や合意事項は移管から1年間は条件引下げを伴う変更は認められない。買い手にとっては不自由な制約となるが，売り手にとっては転籍従業員の処遇，労働条件の不安を解消することができるものであり，転籍時スムーズな従業員コミュニケーションが期待される。

8 ┃ オーストラリアにおけるカーブアウト・事業売却の論点

オーストラリア連邦（Australia）	
人口（2020）	2,549万9,884人
名目GDP（2020）	1兆4,234億7,270万2,121ドル
1人当たり名目GDP（2020）	5万5,823ドル
実質GDP年平均成長率（1991-2020）	3.1%
人口年平均増加率（1991-2020）	1.4%
1人当たり実質GDP年平均成長率(1991-2020)	1.7%

　オーストラリアにおけるカーブアウト・事業売却の論点を，**図6−17**，**図6−18**に整理した。まず従業員転籍の手法について説明し，次に労働組合が存在する場合の留意点を挙げる。最後に，従業員転籍にあたって重要な処遇条件の主要論点を取り上げる。

(1)　従業員転籍の手法

　オーストラリアにおけるカーブアウト・事業売却に伴う従業員転籍は，売り

図6-17　オーストラリアにおけるカーブアウト・事業売却の論点[1]

トピック	カテゴリ		留意点
従業員転籍	労働組合等労働団体が存在する事業の売却		• 対象従業員が労働組合に加入しており，適用される労働関連合意・協定（Industrial Instruments）の規定により，特定のプロセスや権利の譲渡が必要になることに留意が必要 • 一般に，対象従業員に対して雇用の移転の決定（売り手との雇用契約の終了と，買い手による雇用）を通知し，雇用の移転が従業員に与える影響，従業員に与えるネガティブな影響を軽減するために雇用主（ここでは売り手）が講じる措置について説明，協議することが必要になる • 処遇条件は，実質的に類似し全体として不利にならないものが必要（法的制約はない） • 対象従業員が加入する労働組合に対して，クロージング前に通知が必要
	労働組合等労働団体が存在しない事業の売却		• 基本的に，上記同様の通知，説明，協議を対象従業員に対して行う
労働法の性質	TSAへの制約		• Payroll，福利厚生プラン，HRIS等ITシステムのTSAによる提供について特段の制約はない • 老齢年金プラン（Superannuation）については，一時的に売り手のプランに継続加入することが可能。ただし，買い手が法定水準の拠出をすることについて，関連労働法を遵守し転籍従業員を管理する責任があるため，一定の制約があることに留意が必要
	解雇に関する規制	一般	• 解雇に正当な理由があり，公正なプロセスに従って手続きがなされる限りはFair dismissalとみなされ，規制されることはない • 不当解雇（Unfair dismissal）に該当するケースを除き，集団解雇を規制する法規はない
		労働組合等	• 対象従業員に適用される労働関連合意・協定（Industrial Instruments）の規定による

手との雇用契約の終了と買い手による新規雇用により成立する。

　買い手が，転籍対象従業員に対して雇用のオファーを提示し，オファーが承諾された場合，その従業員の売り手での雇用が買い手に譲渡されたものとみなされ，勤続年数は通算し，未消化の有給休暇（Annual Leave, Long Service

196

トピック	カテゴリ	留意点
労働団体の性質	構成	● オーストラリア労働組合評議会（ACTU：Australian Council of Trade Unions）を頂上団体とし，傘下に連邦単位または州単位の産業別労働組合が約40存在する ● オーストラリアにおける労使関係の中心機関はFair Work Commission（FWC）であり，FWCは紛争解決サービスを提供し，労働争議に対処する権限を持っている
	労働団体との協約	● 使用者と労働組合間で，全国レベルの最低雇用基準（National Employment Standard）で示された内容から，さらに追加的な雇用条件を定めた労使協約（Enterprise Agreement）を締結することがある
	関係	● 一般に特段の注意を要する関係ではないが，組合員の労働条件に関する事項については使用者への影響力を持つ
	一般的な合意事項	● 賃金，労働時間，休暇，福利厚生制度，解雇規定等
	一般的に対象となる従業員	● 全体の労働組合加入率は低く（2016年時点の加入率は14%*），また労働組合は特定の産業において組織されている傾向 ● 通常，経営陣が組合員になることはない

図6－18 オーストラリアにおけるカーブアウト・事業売却の論点［2］

＊オーストラリア政務局（Parliament of Australia）ウェブサイト参照
https://www.aph.gov.au/About_Parliament/Parliamentary_Departments/
Parliamentary_Library/pubs/rp/rp1819/UnionMembership

Leave等）の債務は承継される。

　ただし，買い手が売り手の関連会社でない場合は，全国雇用基準（NES）に基づき，勤続年数や未消化の有給休暇を承継しないことを決定することができる。その場合，売り手に，未払いの有給休暇や退職金などの支払義務が発生する可能性がある。また，転籍対象従業員に適用される労働関連合意・協定（Industrial Instruments[2]）も売り手に承継される。

2 Industrial Instrumentsには，労働協約（Enterprise Agreement），登録合意（Registered Agreement），労使裁定（Modern Award）など，労働条件を定める各種合意が含まれる。従業員が組合に加入している場合に労使間で締結された労働協約や企業協定，雇用主独自で特定の従業員との間で締結する協定や合意が含まれる。

転籍対象従業員に適用されるIndustrial Instrumentsがある場合，異なる解雇プロセスや権利の譲渡が必要になる場合があることに留意が必要である。多くの労働関連では，雇用主は雇用に係る重大な変更に関して，対象従業員と協議することを義務づけており，転籍（雇用の移転）はこの「重大な変更」に該当する。

協議では，通常，雇用の移転の決定（売り手との雇用契約の終了と，買い手による雇用）を従業員に通知し，雇用の移転が従業員に与える影響，雇用の移転が従業員に与えるネガティブな影響を軽減するために雇用主（ここでは売り手）が講じる措置について話し合うことが含まれる。

通知するタイミングは，適用されるIndustrial Instrumentsがある場合は，それに定められたプロセスやタイミングに従う。そうでない場合は，上記のとおり，売り手が転籍を通知し，買い手のオファーを検討し回答するために必要な期間として，最短で1〜2週間が一般的なプラクティスとなる。通知方法について，特定の伝達方法が要求されることは一般的にはないが，対面（少なくとも電話等による口頭）で行い，Eメールでのフォローアップが推奨される。

オーストラリアでは，売買契約の条件として，転籍対象従業員が既存雇用条件と実質的に類似し全体として不利にならない条件で買い手に雇用され，勤続の継続が認識されている場合，売り手がセベランスを支払う必要はない。転籍対象従業員が，買い手の提示する雇用のオファーを受諾しない場合も，提示された雇用条件が転籍前の雇用条件と実質的に類似し全体的に不利にならないものであれば，同様に売り手がセベランスを支払う必要は発生しない。

ただし，買い手が，転籍従業員を余剰人員として認識し，買収後に整理解雇の対象とする場合は，買い手における勤続期間だけでなく，旧雇用主（売り手）での勤続期間を含めた期間を対象にセベランスを支払う必要がある。これは，売買契約において，潜在的コストとして認識し処理することが可能である。

⑵　労働組合が存在する場合の留意点

オーストラリアでは，連邦単位，また州単位の産業別労働組合が存在し，労

198

働組合加入者のほとんどがこの産業別労働組合に属する。労働組合加入率は相対的に低い。

　転籍対象従業員に適用されるIndustrial Instrumentsがある場合，その内容により労働組合の関与が発生する。前述のとおり，転籍対象従業員にIndustrial Instrumentsが適用される場合は，事前の通知と協議が必要であり，労働組合に対してもクロージング前の通知が必要となる。労働組合との協議が必要になる事項やプロセスは，Industrial Instrumentsの規定次第である。

⑶　処遇条件の留意点

　オーストラリアでは，M&Aを契機として既存の処遇条件の不利益変更を行うことについて法的な規制はないが，一般的に不利益変更は困難である。

　不利益変更がある場合，買い手からの雇用のオファーが受諾されず，売り手がセベランスを支払って解雇せざるを得なくなる可能性が高くなる。したがって，従業員転籍にあたっては，実質的に処遇条件が同等であることが求められるが，一部の報酬制度や福利厚生制度等について，売り手とまったく同じ制度を買い手が提供できるとは限らず，その場合，既存雇用条件と実質的に類似し全体として不利にならない条件が提示できれば問題にはならない。

　また，転籍対象従業員に産業別福利厚生制度が提供されている場合は，その制度は従業員とともに買い手に移管される。その後，新たな労使協定が交渉されるか締結されるまで，買い手はその労使協定の条件に従う必要がある。

　処遇条件は，売り手と買い手間の交渉対象となり売買取引契約の一部となる。一般的に，売り手はセベランスに係る潜在的債務リスクを軽減するために，すべての転籍対象従業員について，既存処遇条件と同じ，もしくは不利にならない条件で雇用をオファーしてもらうことを目指し交渉することになる。

9 | インドにおけるカーブアウト・事業売却の論点

インド共和国（Republic of India）	
人口（2020）	13億8,000万4,385人
名目GDP（2020）	2兆6,647億4,874万8,048ドル
1人当たり名目GDP（2020）	1,931ドル
実質GDP年平均成長率（1991-2020）	5.9%
人口年平均増加率（1991-2020）	1.5%
1人当たり実質GDP年平均成長率(1991-2020)	4.4%

　本節では，インドにおけるカーブアウト・事業売却の論点について解説する。

(1)　従業員転籍の手法

　インドの労働法においては従業員にはワークマン（workman）とノンワークマン（non-workman）の2つの区分が存在している（**図6-19**）。

図6-19　インドにおけるカーブアウト・事業売却の論点[1]

トピック	カテゴリ	詳　細
従業員区分 (Employee)	ワークマン (workman)	● 比較的に低賃金で「手作業，非熟練・熟練，技術的，運営管理的または事務的作業，監督的作業」などの労働を行う従業員（1947年産業紛争法） ● 解雇，人員削減や従業員の転籍については法令による保護の対象となる
	ノンワークマン (non-workman)	● 管理監督的な業務に就き，一定額以上の収入を得ており，経営的・管理的な立場に近い従業員 ● 法令による保護は限定的

　ワークマンは1947年産業紛争法によって定義された区分であり，比較的に低賃金で「手作業，非熟練・熟練，技術的，運営管理的または事務的作業，監督的作業」などの単純労働に従事する労働者は広くワークマンに該当する。ワークマンには，解雇，人員削減や従業員の転籍等の場合において，手厚い保護が規定されている。

　一方で，管理監督的な業務に就き，一定額以上の収入を得ており，経営的・管理的な立場に近い従業員はノンワークマンとされ，法令による保護は限定的となる。

　事業移管に伴う従業員の転籍に際しては，勤続１年以上のワークマンについては，個別の転籍同意を取得することが必須となる。また，事業の移管に伴う転籍にあたっては下記の３点が法定の要件となっている（**図６-20**）。

---

① 　雇用および勤続年数が事業移管により中断されないこと

② 　移管後の雇用条件が転籍前の条件と比較して不利ではないこと

③ 　解雇や人員削減をする場合には，事業の譲受側が移管前の雇用条件を前提とした補償の責任を負うこと

　ワークマンとの個別同意に至らなかった場合や，上記の要件を充足していないと判断された場合には，ワークマンは法定の解雇補償金（勤続年数×15日分の平均給与）を受給する権利を得る。売り手側にも少なくない金銭的影響が生じることになるため，従業員の雇用継続といわゆるComparabilityを担保した新処遇条件の設計はインドでの事業売却において重要な論点となる。

　実際の転籍のプロセスとしては，売り手と買い手と従業員の三者間雇用契約を締結することになる。労働組合との労働協約が存在している場合には，その協約の有効期間内においては事業移管後も効力は継続し，条件を変更するためには労働組合との交渉が必要な点は注意が必要である。

図6-20　インドにおけるカーブアウト・事業売却の論点［2］

トピック	カテゴリ		詳　細
従業員転籍	労働組合等労働団体が存在する事業の売却		● 下記に加えて，労働団体と協約で合意している事項について移管を契機とした変更を企図する場合には労働組合との交渉が必要
	労働組合等労働団体が存在しない事業の売却		● 勤続1年以上のワークマンについては個別の転籍同意取得が必要 ● 事業の移管に伴う従業員転籍には以下の法定要件の充足が必要 　(ア) 雇用および勤続年数が事業移管により中断されないこと 　(イ) 移管後の雇用条件が転籍前の条件と比較して不利ではないこと 　(ウ) 解雇や人員削減をする場合には，事業の譲受側が移管前の雇用条件を前提とした補償の責任を負うこと ● 同意に至らなかった場合や，事業移管の法定要件を充足しなかった場合には，ワークマンは解雇補償金の受給権を得る
労働法の性質	同一法人に複数の処遇条件が許容されるか		● 特段の制約はない
	TSAへの制約		● 特段の制約はない
	解雇に関する規制	一般	● ノンワークマンについては解雇規制の対象外であり，雇用契約に準じた対応となる
		労働組合等	● ワークマンについては以下の解雇規制への対応が必要 　(ア) 1か月前の予告通知もしくは期間分の支払い 　(イ) 退職時点での解雇補償金の支払い（勤続年数×15日分の平均給与） 　(ウ) 適切な政府機関に対する通知の送付 ● 最後に雇用された労働者からの解雇（Last Come First Go Rule）

(2) 労働組合が存在する場合の留意点

　インドにおいて，労働組合の主な構成員はワークマンであり，従業員転籍における労働組合の留意点は，ワークマンの従業員転籍要件に準ずる。本項では，インドの労働団体の性質について説明する（**図6-21**）。インドにおいて労働

組合の存在は一般的であり，時には労働問題に重大な影響を与える場合もみられる。

図6－21　インドにおけるカーブアウト・事業売却の論点［3］

トピック	カテゴリ	詳　細
労働団体の性質	構成	●組成の単位等に制限はなく，産業，法人，工場などさまざまなレベルでの組成がみられる。また，同一法人内に複数の組合が存在しうる ●労働組合として正式に登録するには法令が定める一定要件の充足が必要 ●上部団体として政治的組織と関係がある中央労働組合組織に属している場合もある
	労働団体との協約	●労働組合との間で労働協約を締結することができる
	関係	●正式に登録された労働組合はストライキや労働調停を提起する権利を有する ●活発に活動し大きな影響力を持つケースもある
	一般的な合意事項	●基本給（昇給額）や住宅手当，医療保険などの諸手当・福利厚生に関する項目が盛り込まれることが一般的
	一般的に対象となる従業員	●主たる構成員はワークマン

　インドの法令上，労働組合の組成は労働者の権利として認められている。ノンワークマンの加入が制限されるものではないが，主にはワークマンに区分される従業員で構成されることが一般的である。組成の単位等に制限はなく，産業，法人，工場などさまざまなレベルの団体が存在し，同一法人内に複数の組合があるケースも珍しくない。また，政治的組織と関係がある中央労働組合組織が上部団体となっている場合もあるため確認が必要である。

　法令による一定の要件を満たし正式に登録された労働組合は，企業との労使交渉，ストライキや労働調停を提起する権利を有する。事業売却のプロセス・タイミングに関する影響を認識するため，労働組合の数，上部団体組織との関係，過去の労使紛争や既存の労働協約について把握・整理しておくことを推奨する。

　なお，インドでは30以上ある労働関連の連邦法を4つの基本法令に集約し体系化する新労働法が2020年までに成立している。ただし，当初2021年4月とされていた施行日については延期が続いており，本書執筆時点ではタイミングについての見通しは不透明であるが，今後，最新の情報を確認されたい。

(3)　処遇条件の留意点

①　複数の処遇条件に対する許容度

　インドでは複数の処遇条件を同一法人内で維持することは許容される。インドの労働法は中央政府が制定する連邦法に加えて，各州政府が立法権を有するため，州ごとに規制が異なる場合がある。また，企業内に複数の労働組合が存在するケースもあるため，1つの企業内でも地域や労働組合によって，複数の処遇条件が生じる可能性がある。

②　TSAの制約

　インドにおいては人事関係業務に関するTSAおよび主要業務の外部提供（Employee Lease）を制限する法令はないため，スタンドアロンイシューに対する有力な選択肢となる。特にインドでは法定の年金制度が存在しており，Payrollと一体となって管理している場合や，手当の種類が多岐にわたるケースも多い。支給が適切に継続されるよう，移行期間において買い手と売り手の役割分担を明確に取り決めたうえで，遺漏なく対応する必要がある。

(4)　その他──解雇規制

　勤続期間が1年を超えるワークマンを解雇する場合には，解雇規制に従い下記の対応をとることが必要となる。これらの要件を満たさなかった場合には解雇が無効と判断される可能性があるため注意が必要である。

①　1か月前の予告通知もしくは期間分の支払い

②　退職時点での解雇補償金の支払い（勤続年数×15日分の平均給与）

③　適切な政府機関に対する通知の送付

　また，上記の要件に加えて，最後に雇用された労働者からの解雇（Last Come First Go Rule）というルールも設けられており，ワークマンを解雇する場合，使用者は，原則としてワークマンのうち最後に雇用された者から解雇しなければならないと規定している。

　次にノンワークマンを解雇する場合については，解雇規制が適用されないため，雇用者とノンワークマン間の個別契約書の規定に従えばよく，比較的簡易なプロセスとなる。一方で，対象の従業員が解雇の段になって，自分はワークマンであると主張し，紛争となるケースがある点には注意が必要である。

　ワークマンとノンワークマンの区分判断の基準は明確には示されておらず，担っている職務・職責の実質に応じて個別に判断される事項となる。自社の従業員のワークマンの該当性の判断に迷う場合には，まずはワークマンに該当するという保守的な前提に立って売却時のプロセス・工数を見積もっておき，必要に応じて専門家の見解を得ることが望ましい。

10 ┃ シンガポールにおけるカーブアウト・事業売却の論点

シンガポール共和国（Republic of Singapore）	
人口（2020）	585万342人
名目GDP（2020）	3,399億8,821万353ドル
1人当たり名目GDP（2020）	5万8,114ドル
実質GDP年平均成長率（1991-2020）	5.2%
人口年平均増加率（1991-2020）	2.2%
1人当たり実質GDP年平均成長率（1991-2020）	2.9%

　シンガポールにおけるカーブアウト・事業売却の論点を，**図6－22**，**図6－23**に整理した。まず従業員転籍の手法について説明し，次に労働組合が存在する場合の留意点を挙げる。最後に，従業員転籍にあたって重要な処遇条件の主要論点を取り上げる。

図6－22　シンガポールにおけるカーブアウト・事業売却の論点［1］

トピック	カテゴリ		留意点
従業員転籍	労働組合等労働団体が存在する事業の売却		• 雇用法上の「労働者」に該当する一般従業員は，自動転籍の対象となる（経営者や上級管理職は対象外のため，買い手が新たに雇用契約を締結する） • 対象従業員または対象従業員が加入する労働組合に対して，「合理的な範囲で速やかに，かつ譲渡の前に」通知および協議を行う
	労働組合等労働団体が存在しない事業の売却		• 上記同様
	その他		• 処遇条件は，転籍前後で同一とする権利が法的に認められているが，当事者間の合意により変更することは可能。不利益変更がある場合は，相応の対価を提供する必要がある。
労働法の性質	同一法人に複数の処遇条件が許容されるか		• 同一法人内で複数の処遇条件を設定することは可能
	TSAへの制約		• Payroll，福利厚生プラン，HRIS等ITシステムのTSAによる提供について制約はない • ただし，買い手は最終的な責任を負う雇用主として，シンガポール雇用法（Employment Act）や中央積立基金法（Central Provident Fund Act）などに基づく一定の法的義務を負っていることに注意する必要がある
	解雇に関する規制	一般	• 個別雇用契約に特別な制限規定がない限り，事由にかかわらず解雇することが可能 • ただし，不当解雇（Wrongful dismissal）に該当するケースは訴訟リスクがある • 集団解雇は非常に稀であり，特段の規制はない
		労働組合等	• 対象従業員に適用される労働協定（Collective Agreements）の規定による

206

トピック	カテゴリ	留意点
労働団体の性質	構成	● 国レベルの労働組合の連合体としてNational Trade Union Congress（NTUC）があり，6つの協会が加盟し，傘下に約60の産業別または企業別労働組合が存在する
	労働団体との協約	● 労働協定（Collective Agreements）は，使用者と企業内労働組合または産業別労働組合との間で締結される
	関係	● 労働組合の組織率は相対的に低く，労働組合の権利も制限されており，労働紛争は稀 ● 企業内労働組合が組織されている場合は，組合により関係が異なる可能性
	一般的な合意事項	● 賃金，労働時間，休暇，福利厚生制度等
	一般的に対象となる従業員	● 労働組合が存在する産業や企業の一般従業員 ● 通常，経営者および上級管理職が組合員になることはない

図6-23 シンガポールにおけるカーブアウト・事業売却の論点［2］

(1) 従業員転籍の手法

　シンガポールにおけるカーブアウト・事業売却に伴う従業員転籍は，一般従業員（シンガポール雇用法の定める「労働者」）に対しては，自動転籍が適用される。経営者や上級管理職については，買い手と新たに雇用契約を締結する。

　ただし，これは売り手から買い手への事業の譲渡が，シンガポール雇用法第18A(1)条（以下「S18A EA」という）に規定される所定の状況下で行われる限りであることに留意する。つまり，売り手のあらゆる取引または事業が，継続企業としての事業の処分，売却，合併，再建または法律の運用によって行われる譲渡に限る。自動転籍が適用されると，勤続年数は通算され承継される。

　転籍対象従業員に，転籍後のポジションがオファーされない場合は，実質解雇することになり，法的にも人員整理解雇が想定されている。雇用主に整理解雇手当（Retrenchment payment）の支払いを義務づける法的要件はないが，実際には，人材開発省（MOM：Ministry of Manpower）は雇用主に対して整理解雇手当の支払いを強く推奨している。労働省が推奨する金額は，勤続年数，

業界標準，企業の財政状態によって異なる。推奨される金額の整理解雇手当が支払われない場合，労働紛争リスクと，売買取引が複雑化するリスクがある。

　転籍の通知については，S18A EAにおいて雇用主が「合理的な範囲で速やかに，かつ譲渡の前に」対象従業員に対する通知および協議を行う必要があると定められている。通知時期は，(a)従業員の雇用契約に基づく通知期間，(b)法定最低通知期間（5年以上の勤務の場合，4週間）のいずれか長いほうを適用するが，1か月前というケースが最も一般的である。

　転籍の通知プロセスや文書に関する法的な規定はない。通常，通知文書には，譲渡がS18A EAの下で行われること，雇用条件が維持されること（または雇用条件に対する合意済みの変更）などを確認する内容が記載される。フォーマットに特定の要件はなく，ハードコピー，ソフトコピーのいずれでも可であるが，対象従業員の署名を取得する必要はある。なお，対象従業員が譲渡に伴う人員整理の対象となる場合は，売り手が解雇通知を発行する必要がある。

　S18A EAに基づく譲渡では，買い手は労働組合などの従業員団体に対するコミュニケーションの直接的な義務を負わない。売り手は，売り手と従業員（および／またはその労働組合）との間で協議が行われるようにする義務があり，売り手が転籍に関連して予定している措置（もしあれば）について説明することになる。

　なお，事業譲渡に伴う整理解雇については，MOMと労働組合に対して強制的な通知義務が発生する。

(2)　労働組合が存在する場合の留意点

　シンガポールでは，国レベルの労働組合の連合体としてNational Trade Union Congress（NTUC）があり，6つの協会が加盟し，傘下に約60の産業別または企業別労働組合が存在する。

　転籍対象従業員が加入する労働組合がある場合は，従業員本人同様に，合理的な範囲で速やかに，かつ譲渡の前に通知する必要がある。通知プロセスや文書に係る特段の制約や規定はない。

208

(3) 処遇条件の留意点

シンガポールでは，従業員には転籍前後で実質的に同じ雇用条件を受ける権利が法的に認められているが，当事者間で処遇条件の変更について交渉し，合意することは可能である。ただし，従業員に不利益な変更がある場合は相応の対価を提供する必要があり，提供されない場合は「建設的解雇（Constructive Dismissal）」として，雇用主の行動が雇用契約の根本的な違反に相当するとして提訴される可能性がある。

なお，この場合，実質的に同じ雇用条件を受ける権利が認められる従業員に，経営者や上級管理職は含まれない。

11 ┃ インドネシアにおけるカーブアウト・事業売却の論点

インドネシア共和国 （Republic of Indonesia）	
人口 （2020）	2億7,352万3,615人
名目GDP （2020）	1兆584億2,384万681ドル
1人当たり名目GDP （2020）	3,870ドル
実質GDP年平均成長率 （1991-2020）	4.5%
人口年平均増加率 （1991-2020）	1.4%
1人当たり実質GDP年平均成長率（1991-2020）	3.1%

インドネシアにおけるカーブアウト・事業売却の論点を，**図6−24**，**図6−25**に整理した。まず従業員転籍の手法について説明し，次に労働組合が存在する場合の留意点を挙げる。最後に，従業員転籍にあたって重要な処遇条件の主要論点を取り上げる。

(1) 従業員転籍の手法

カーブアウト・事業売却において，インドネシアで取りうる転籍手法は以下

| 図6－24 | インドネシアにおけるカーブアウト・事業売却の論点［1］ |

トピック	カテゴリ	留意点
従業員転籍	労働組合等労働団体が存在する事業の売却	● 雇用形態，セベランスの扱い，新しい福利厚生制度を適用する等，事業売却の影響について売り手から労働組合に対して事前に説明が必要（同意不要） ● 転籍の際，買い手が従業員の個別同意を得る必要がある。従業員が離職すると決めた場合には，会社からセベランスが支払われる ● 転籍に同意した場合の既存のセベランスの扱いについては，労使間で協議される（セベランスを清算し勤続年数をリセットする，あるいはセベランスを清算せずに勤続年数を通算する）
	労働組合等労働団体が存在しない事業の売却	● 基本的な要件は上記と同じである。組合が存在しない場合には，事業売却の影響について，売り手から説明を行う相手が各従業員となる
	その他	● 取りうる転籍手法は以下の2通りである ――売り手による既存の雇用関係の合意解除（労使関係裁判所―Pengadilan Hubungan Industrial：PHIへの登録が必要）および買い手による新規雇用 ――売り手・買い手・従業員の三者契約を締結し，既存の労働契約の同一性を維持した状態で買い手に雇用関係を承継させる（勤続年数は通算し，セベランス等の債務は承継）
労働法の性質	同一法人に複数の処遇条件が許容されるか	● 同一法人内で複数の処遇条件を設定することは可能だが，同一職位で異なる処遇条件が存在することになる場合，組合が難色を示す可能性がある
	TSAへの制約	● Payroll，人事関係業務（TSA）および主要業務（Employee Lease）の外部提供に対する制約は特段ない。付加的なDC年金を提供している場合はTSAで継続することはできない
	解雇に関する規制 一般	● 1か月以内あるいは一定期間内に10名以上の解雇を行う場合，大規模解雇に該当し，PHIの許可が必要
	労働組合等	● 解雇を行う際には，解雇の背景・必要性について組合への説明が必要

図6－25	インドネシアにおけるカーブアウト・事業売却の論点［2］	

トピック	カテゴリ	留意点
労働団体の性質	構成	● 労働組合の組成は法的に必須でない。労働組合組成にあたっては10名以上の従業員の参加が必要。組合への参加可否は任意。同じ企業内で，従業員が参加できる組合は1つに限定 ● 同じ企業内で，複数の組合を組成することが可能。ただし，過半数の従業員が参加している組合のみが使用者との団体交渉権を有する。 ● 5つ以上の労働組合は組合連合（Confederation）を組織することができ，労働組合は参加する組合連合に助言を求めることができる。各労働組合が参加できる組合連合は1つに限定 ● Confederation of All Indonesian Workers' Unions（KSPSI）およびConfederation of Indonesia Prosperity Trade Union（KSBSI）が代表的な組合連合である
	労働団体との協約	● 労使協約（Perjanjian Kerja Bersama：PKB）は，使用者と企業内労働組合との間で締結され，同じ企業内で複数の労働組合が存在する場合，締結できるPKBは1つに限定
	関係	● 概して労働組合は協力的である。一般的にKarawang周辺の労働組合は力が強い ● 組合は，従業員の意見を使用者に対して民主的に表明し，従業員の福利厚生を守るための手段である。そのため，従業員の福利厚生をより良くするための議論が行われることが多い。組合が使用者に対して，懸念事項がある場合には，労使交渉が行われる
	一般的な合意事項	● 労使協約での代表的な合意事項は昇給率，労働時間，賃金，福利厚生制度である
	一般的に対象となる従業員	● PKBは組合に属さない従業員にも適用される ● 特定のポジションの従業員は組合に参加することができない（HRマネージャー，経理マネージャー等，組合と利益相反の立場にある者） ● 通常，経営陣が組合員になることはない

の2通りである。

　① 　売り手による既存の雇用関係の合意解除（労使関係裁判所――

Pengadilan Hubungan Industrial：PHIへの登録が必要）および買い手
による新規雇用
② 　売り手・買い手・従業員の三者契約を締結し，既存の労働契約の同一
性を維持した状態で買い手に雇用関係を承継させる（勤続年数は通算し，
セベランス等の債務は承継）

① 従業員が売り手との既存の雇用関係を合意解除し，買い手との新たな雇用契約を締結する手法

　売り手としては，セベランスや有給休暇の取扱いを明記したtermination
letterを発行し，従業員が署名して，売り手との雇用関係が終了することにな
る。なお，インドネシアでは通常のセベランスに加えて，退職に伴い支払いが
発生するインドネシア固有の一時金が存在するため，留意する必要がある。詳
細については後述する。

　インドネシアでは，雇用関係の終了の1か月前までに雇用主から従業員に通
知することが必要であるため，売り手としては，早い段階から，従業員転籍の
手法および処遇条件面について買い手と協議を進め，合意しておく必要がある。
また，雇用関係の終了について，PHIへの登録が必要なため，②と比べて手続
き上の煩雑さがある。売り手が従業員に対してセベランス等を一括清算して支
払うことになるため，従業員が転籍せずに離職してしまうリスクが高まる。そ
のため，買い手としては，事業上不可欠な人材（key employee）のリテンショ
ンを図るため，別途インセンティブを付与することもある。

② 売り手・買い手・従業員の三者契約（tripartite agreement）を締結し，既存の雇用関係を買い手に移転し，セベランス等の債務も買い手に承継させる手法

　三者契約では，セベランス等は一括清算せず，勤続年数を通算することで，
買い手に債務を承継させるといった事項を明記するに留め，別途買い手の雇用

212

契約を準備し，買い手の新処遇条件を規定することもよくある。①のリテンションリスクが生じないのが，この手法の利点である。売り手における勤続年数に紐づいたセベランス等の債務は，本来売り手の債務であるため，当該債務については債務相当額を買収価額で調整しなければならない。

特段の事情がなければ，売り手・買い手双方にとって，②のほうの利点が大きいといえる。売り手としては，①で必要なPHIへの登録という手続きを省くことができ，また買い手としては，セベランス等の一括清算による支払いに伴うリテンションリスクを避けることができるからである。ただし，従業員目線では，カーブアウト・事業売却を機に，セベランス等は一括清算により受領したいというニーズを持っている従業員も一定数いると考えられるため，コミュニケーションに留意しながら進めることが肝要である。

⑵　労働組合が存在する場合の留意点

インドネシアでは，企業内労働組合が組合連合（Confederation）の傘下となっていることが多い。労働組合組成にあたっての定足数等の詳細については，前掲図6-25を参照いただきたい。インドネシアでは，労働組合の組成は法的に必須ではないが，従業員が組合を組成しようとする場合には，使用者はその動きを妨げてはならない。

労働組合が存在する利点として，組合が従業員目線で従業員の福利厚生を守ることができる点が挙げられる。使用者にとっても，組合が存在することで，各従業員との良好な関係を維持し，従業員との係争が起きた場合に円滑に解決する場とすることができる。使用者の団体交渉相手は，企業内労働組合であり，上部の組合連合と直接交渉することはできない。

昇給率，労働時間，賃金，福利厚生制度等の処遇条件について，労使交渉を行い，合意内容が労使協約（Perjanjian Kerja Bersama：PKB）に規定される。PKBの有効期間は最大2年間であり，期間満了後は，再度労使交渉を行い，PKBを更改しなければならない。

　カーブアウト・事業売却の際には，そのイベントが従業員に与える影響（雇用形態，セベランスの扱い，既存の福利厚生を継続する，新しい福利厚生制度を適用する等）について，売り手から組合に対して事前に説明が必要となる。組合の同意は不要であるが，従業員転籍プロセス上，従業員の個別同意を得る必要がある（100%株式買収で雇用関係が買い手に承継される場合を除く）。

(3)　処遇条件の留意点

　インドネシアでは，M&Aを契機として，既存の処遇条件の不利益変更を行うことは原則として認められていない。したがって，従業員転籍にあたっては，処遇条件の同一性の維持が求められるが，一部の福利厚生制度等について，売り手とまったく同じ制度を買い手が提供できるとも限らない。その場合には，買い手が新設する福利厚生制度等の処遇水準が，売り手の制度と同等になっているかという検証が必要である。

　売り手としては，買い手の新制度の中身を早期に把握し，売り手目線で同等性の確認を行うことが望ましい。買い手から一度条件が提示されると，従業員自身にとってはそれが正となり，買い手への印象や転籍に対する姿勢が定まるため（一度不利な条件が出ると対抗姿勢が醸成される等），不利な条件があれば売り手がそれを事前に察知し，従業員に代わって買い手と交渉を行う必要がある。

　インドネシアでは，従業員の退職に伴って生じるインドネシア固有の一時金が存在すると前述したが，以下の4つが退職時に支払われる一時金である。

---

① Severance Pay（いわゆるセベランス—Uang Pesangon：UP）
② Service Pay（勤続慰労金—Uang Penghargaan Masa Kerja：UPMK）
③ Compensation Pay（権利損失補償金—Uang Penggantian Hak：UPH）
④ Separation Pay（離職手当—Uang Pisah：SP）

---

　①および②は勤続年数に紐づいて支払われる退職一時金である。金額の算定

| 図6−26 | UPおよびUPMKの算定式 |

Severance Pay（UP）		Service Pay（UPMK）	
勤続年数	金額（月給）	勤続年数	金額（月給）
1年未満	1か月分	3年以上−6年未満	2か月分
1年以上−2年未満	2か月分	6年以上−9年未満	3か月分
2年以上−3年未満	3か月分	9年以上−12年未満	4か月分
3年以上−4年未満	4か月分	12年以上−15年未満	5か月分
4年以上−5年未満	5か月分	15年以上−18年未満	6か月分
5年以上−6年未満	6か月分	18年以上−21年未満	7か月分
6年以上−7年未満	7か月分	21年以上−24年未満	8か月分
7年以上−8年未満	8か月分	24年以上	10か月分
8年以上	9か月分		

式の詳細は，**図6−26**を参照いただきたい。③は以下のとおりである。

(ⅰ) 住宅および医療費に関わる権利損失補償金として，①または／および②の15％

(ⅱ) 未消化の年次有給休暇

(ⅲ) 従業員・家族が，転勤前に居住していた場所に戻るための旅費

(ⅳ) その他に雇用契約，PKB，就業規則で定められたもの

④は①や②に加えて，会社が従業員による貢献への感謝の意を込めて任意で支払うものである。雇用契約，PKB，就業規則にあらかじめ規定していなければならない。

①のUPおよび②のUPMKの算定式は図6−26に示したとおりであるが，実際の支払金額は，退職事由によって異なる係数との掛け合わせで決まる。**図6−27**にカーブアウト・事業売却に関連するものを示している。インドネシア

では雇用創出オムニバス法（通称：オムニバス法）が，2020年11月2日に施行され，その前後で係数が変わっているため，対比して示した。

　なお，図で示した以外にも，さまざまな退職事由ごとに，異なる係数が定められているため，実務上は，どの退職事由に該当するのかに注意して，ご確認いただきたい。

図6−27　UPおよびUPMKの係数

- (a) Severance Pay（UP），(b) Service Pay（UPMK）
- Provisionsは図6−26の算定式により算出される金額を意味する

退職事由	オムニバス法施行前	オムニバス法施行後
M&A，会社清算の際，従業員から雇用関係の終了を希望した場合	1 x Provisions（a） 1 x Provisions（b）	1 x Provisions（a） 1 x Provisions（b）
M&A，会社清算の際，会社から従業員との雇用関係を終了させた場合	2 x Provisions（a） 1 x Provisions（b）	1 x Provisions（a） 1 x Provisions（b）
直近の2年連続で赤字の状態で会社清算に至った場合	1 x Provisions（a） 1 x Provisions（b）	0.5 x Provisions（a） 1 x Provisions（b）
天変地異等の不可抗力により会社清算に至った場合	1 x Provisions（a） 1 x Provisions（b）	0.5 x Provisions（a） 1 x Provisions（b）
赤字や不可抗力を伴わない会社清算の場合	2 x Provisions（a） 1 x Provisions（b）	1 x Provisions（a） 1 x Provisions（b）

12 ┃ タイにおけるカーブアウト・事業売却の論点

タイ王国（Kingdom of Thailand）	
人口（2020）	6,979万9,978人
名目GDP（2020）	5,017億9,539万1,454ドル
1人当たり名目GDP（2020）	7,189ドル
実質GDP年平均成長率（1991-2020）	3.6%

人口年平均増加率（1991-2020）	0.7%
1人当たり実質GDP年平均成長率（1991-2020）	2.9%

　タイにおける主要な留意事項は，スキームによらず従業員転籍に個別同意を必要とする点，処遇水準全体の切下げが禁止されている点の2点となる。その他の点も含めた人事上の論点は以下のとおり整理できる（**図6−28**，**図6−29**）。

図6−28　タイにおけるカーブアウト・事業売却の論点［1］

トピック	カテゴリ		留意点
従業員転籍	労働組合等労働団体が存在する事業の売却		• 労働組合の存否によらず，従業員転籍にあたっては従業員の個別同意および新たな雇用契約の締結が必要
	労働組合等労働団体が存在しない事業の売却		• 従業員が転籍を拒否した場合，解雇に該当し，法定セベランスの支払いが必要 • 勤続期間通算の適否の選択は可能だが，通算しない場合には転籍に同意した従業員にも法定セベランスの支払いが必要
	その他		• 一部の従業員に対して転籍をオファーしないことも可能 • 転籍の対象外とした従業員は，解雇となり法定セベランスの支払いが必要
労働法の性質	同一法人に複数の処遇条件が許容されるか		• 許容される
	TSAへの制約		• 人材派遣を網羅的に規制する法律はないが，派遣先の直接雇用の労働者と同一水準の報酬支払いが求められる
	解雇に関する規制	一般	• 解雇にあたっては30日前の事前通知が必要であり，従業員に責のない事由による場合には法定退職金が支払われる • 事業運営上の事由による解雇の場合は，60日前までに書面による通知が必要 • 事業所移転の場合，移転30日前の書面による通知が必要であり，移転先での勤務について従業員同意が得られなかった場合，特別セベランスの対象となる
		労働組合等	• 労働組合委員長の解雇は禁止されている • その他の組合員に対する解雇規制はない

図6－29	タイにおけるカーブアウト・事業売却の論点［2］

トピック	カテゴリ	留意点
労働団体の性質	構成	●企業別組合と産業別組合のみ認められており，一般組合や地域労組は認められていない ●複数の労働組合により労働組合連合会を設立可能 ●最低10人の従業員が発起人となることで労働組合の設立が可能であり，単一の法人に複数の労働組合の併存が認められている
	労働団体との協約	●労働協約は使用者と企業別組合との間で締結され，通常，一年単位で更新 ●企業別組合が産業別組合に加盟している場合，業界動向に沿った協約の締結が必要となる場合がある
	関係	●ある程度対立的な労働組合が多く，製造業や国営企業で顕著 ●処遇・労働条件の変更に労働組合の同意が得られない場合，ストライキが起こる可能性がある
	一般的な合意事項	●昇給率，年次賞与，諸手当，表彰などの雑多なベネフィットに関する規定が一般的 ●協約事項は，市場での普及率によって変わりうる
	一般的に対象となる従業員	●非管理職は，ホワイトカラー，ブルーカラーともに労働組合加入・非加入を選択可能 ●管理職は労働組合への加入不可 ●非管理職の従業員の大半は労働組合への加入を選択する傾向にある

(1)　従業員転籍の手法

　タイにおいては雇用契約を包括承継するスキームはなく，従業員転籍にあたっては労働組合の有無にかかわらず，本人の個別同意が必要となる。このとき，従業員が転籍元の法人を退職して転籍先の法人と新たな雇用契約を結ぶ格好になるが，過去の全在籍期間が引き継がれる場合にはセベランスの支払いは不要となる。一方で，在籍期間が引き継がれない場合，法定のセベランス支払いが必要となる。

　また，転籍の諾否は従業員の選択に委ねられており，応諾が得られなかった

場合は解雇となり，法定のセベランスの支払対象となる。一方で，雇用主側でも一部の従業員を転籍の対象外とすることが可能であり，この場合には当該従業員は解雇となって法定のセベランスが支払われる。

(2)　処遇条件の留意点

　転籍後の処遇条件を検討するにあたり現行の処遇条件の変更自体は認められているものの，報酬や従業員ベネフィットを含んだ処遇条件全体として見たときの水準切下げが禁止されている点に留意が必要である。

　また，処遇条件変更にあたっては労働組合との協議を行うことが望ましい。タイの労働組合は比較的アグレッシブな傾向にあり，組合の理解を得られない場合には転籍に対する従業員へのネガティブなメッセージとなってしまうばかりでなく，ストライキに至る可能性があることも念頭に置く必要がある。クロージングまでに滞りなく転籍を完了させるために，売り手の立場からも丁寧な労使コミュニケーションを心掛けたい。

　あるいは，時間的な制約の下でまずは転籍の完了を優先するのであれば，現行の処遇条件を継続適用することも現実的な選択肢となりうる。タイにおいては同一法人に複数の処遇条件が許容されることを知っておくことは，転籍プロセスをスムーズに進めるうえで売主にとっても意味がある。

(3)　その他──解雇規制

①　労働組合について

　まず，労働組合について，タイの労働組合は企業別組合と産業別組合のいずれかとなり，一般組合や地域組合は認められていない。一法人に対して複数の労働組合の併存が許容されており，同一の使用者の従業員により構成される2つ以上の労働組合により，労働組合連合会を設立することもできる。

　ホワイトカラーとブルーカラーを問わず労働組合への加入は個人で判断できるものの，多くは加入を選択する傾向にある。前述のとおり比較的アグレッシブなスタンスの組合が多いことに加え，組合員の多くが製造作業者などのオペ

レータークラスである（管理職は組合に加入できない）ことから事業に対する理解が乏しく，労使交渉が難航する局面もまま見られる。

その一方で，会社の閉鎖と同時に労働組合は解散になるため，カーブアウト・事業売却に際して元の労使間で結ばれていた労働協約がそのままの内容で，新たな労使間で引き継がれることはないと解される。

②　普通解雇に関する規制

普通解雇の場合は，少なくとも一給与期間前までの書面による事前通告が必要となる。注意すべきは，通告日から解雇日までの間に一定の日数ではなく，給与期間そのもの（給与支払日の翌日から次の給与支払日までの期間）が含まれていなければならない点である。これに違反した場合，法定のセベランスに加えて，通告期間として不足している日数分の給与相当額を支払う必要が生じる。

カーブアウト・事業売却の文脈においては，転籍を応諾しなかった従業員の解雇にもこのルールが適用される可能性があることに留意されたい。すなわち，無用な費用の発生を避ける意味では，転籍諾否の回答期限はクロージング日から遡って一給与期間以上前に設定することが肝要であり，売主として期日までに確実に同意書を回収できるよう取り計らう必要がある。

③　事業上の都合による解雇

事業上の都合による場合は，普通解雇とは異なるルールが適用される。機械の導入・設備更新・業務効率化を事由とした解雇を行う場合は，60日前までに対象従業員本人への事前通告，ならびに労働監督官への解雇日・解雇理由・対象従業員の氏名の届出が必要になる。これに違反した場合は，通常の法定セベランスに加えて，60日分の給与に相当する特別セベランスが別途発生する。

また，事業所移転に伴って従業員や家族の生活に多大な影響を与える場合には，移転の30日前までに書面をもって通知することが求められる。このとき，従業員が移転先での勤務を希望しない場合には雇用契約は終了となり，通常の

220

セベランス額に50%以上の上乗せがなされた特別セベランスを支給しなければならない。なお，事業所移転の事前通知を怠った場合は，給与30日分相当の特別セベランスが発生する。

13 ブラジルにおけるカーブアウト・事業売却の論点

ブラジル連邦共和国（Federative Republic of Brazil）	
人口（2020）	2億1,255万9,417人
名目GDP（2020）	1兆4,447億3,321万425ドル
1人当たり名目GDP（2020）	6,797ドル
実質GDP年平均成長率（1991-2020）	2.2%
人口年平均増加率（1991-2020）	1.2%
1人当たり実質GDP年平均成長率（1991-2020）	1.0%

　ブラジルにおけるカーブアウト・事業売却の論点を，**図6－30**，**図6－31**に整理した。まず従業員転籍の手法について説明し，次に労働組合が存在する場合の留意点を挙げる。最後に，従業員転籍にあたって重要な処遇条件の主要論点を取り上げる。

(1)　従業員転籍の手法

　ブラジルでは，資本関係のある会社（same economic group）への転籍の場合，雇用契約は自動的に買い手に承継され従業員の同意取得も不要である。

　一方で，一般的なM&A deal，つまり資本関係のない会社への転籍の場合，売り手によって現行の雇用契約が解消され，買い手による新たな雇用契約の締結により成立することとなる。ただし，ブラジルでは事業譲渡であっても，譲渡前の事業に関わる債務についても買い手に移管されること，また多数のケースで買い手が事業継続に必要な許認可を取得し直さなければならないことから，事業譲渡の手法は一般的ではなく，ほとんどの取引が株式譲渡の方法によって

図6-30	ブラジルにおけるカーブアウト・事業売却の論点[1]

トピック	カテゴリ	留 意 点
従業員転籍	労働組合等労働団体が存在する事業の売却	● 資本関係のある会社への転籍の場合（same economic groupの場合）は，雇用契約はTransfer agreementに基づき自動的に承継され，従業員の同意取得は不要である
	労働組合等労働団体が存在しない事業の売却	● 一方，資本関係のない会社への転籍の場合，売り手によって雇用契約が解消され，買い手が新たな雇用契約をオファーする必要がある
		● 法的に労働組合や従業員に対して事前に通知を行う必要はないが，転籍のタイミング，転籍の理由，移行期間等を通知することが一般的である
		● 転籍に伴い労働条件が変更となる場合は，CBAに規定された手続きに則り事前協議を行う必要がある
労働法の性質	同一法人に複数の処遇条件が許容されるか	● 同一法人内で複数の処遇条件を設定することは可能
		● 労働訴訟の多い国であり，複数の処遇条件を設定する場合は，差別的な取扱いとみなされないよう合理的な理由が求められる
	TSAへの制約	● Payrollや人事関係業務（TSA）および主要業務（Employee Lease）の外部提供は可能。ただし，Employee Leaseについてはブラジルの労働法，派遣法に沿った対応が必要であり，手続き，詳細要件等，実施にあたってはリーガルアドバイザーへの確認を強く推奨する
	解雇に関する規制　一般　労働組合等	● 妊娠・出産を経た従業員は出産から5か月間は解雇できないといった制限があるが，解雇の自由度は高く，正当な理由がなくともいつでも解雇することができる

実行されている。したがって，ブラジルでは売り手，買い手，ターゲット会社のリーガルストラクチャーを理解し，M&Aの手法を確認することが肝要となる。

⑵ 労働組合が存在する場合の留意点

　ブラジルでは，労働者組合と使用者組合（会社側を代表する使用者側の団体組織）が存在する。双方とも産業別労働組合が存在し，連邦単位，州単位，市単位で階層構造を成している。

トピック	カテゴリ	留意点
労働団体の性質	構成	• 労働者組合と使用者組合が存在する • 双方とも産業別，地域別に組合が組織される
	労働団体との協約	• CBAは労働者組合と使用者組合によって交渉・締結される • 大企業等では労働者組合と企業の間で直接組合協定を締結するケースもある
	関係	• 労働組合は交渉力があり，アグレッシブな交渉を行うケースがしばしば見られる
	一般的な合意事項	• 昇給率，労働時間，最低賃金等，報酬や福利厚生を含む一般的な雇用条件
	一般的に対象となる従業員	• 経営陣を除くすべての従業員

図6－31 ブラジルにおけるカーブアウト・事業売却の論点［2］

- 連邦レベル：連合（Confederação）
- 州　単　位：連盟（Federação）
- 市　単　位：組合（Shidicato）

　CBAは労働者組合と使用者組合の間で交渉，締結されその合意内容が傘下の労働者／企業に適用される。また，労働者組合と直接組合協定を締結することで企業独自の労働条件を設定することも可能である。

　事業移管が行われた場合，現行のCBAは買い手に移管されることになるため，買い手企業の中に複数の労働条件やCBAが存在する可能性もある。

　事業の売却に関して，労働組合や従業員への通知義務はないものの，事業移管のタイミング，移管の理由，移行期間等を通知することが一般的である。

⑶　処遇条件の留意点

　ブラジルでは，M&Aを契機とした処遇条件の変更について，CBAに規定された手続きに沿って事前協議を行っていれば法的な制約はないものの，不利益

を伴う処遇条件の変更は困難である。労働訴訟が非常に多い国であるため，同じ会社の中で複数の処遇条件を設定する場合は，差別的な取扱いとみなされないよう合理的な理由を設けておく必要がある点も留意が必要であろう。

14 ｜ メキシコにおけるカーブアウト・事業売却の論点

メキシコ合衆国 (United Mexican States)	
人口（2020）	1億2,893万2,753人
名目GDP（2020）	1兆734億3,881万7,379ドル
1人当たり名目GDP（2020）	8,326ドル
実質GDP年平均成長率（1991-2020）	2.0%
人口年平均増加率（1991-2020）	1.4%
1人当たり実質GDP年平均成長率（1991-2020）	0.6%

　メキシコにおけるカーブアウト・事業売却の論点を，図6−32，図6−33に整理した。まず従業員転籍の概要について説明し，次に従業員転籍の主要論点について取り上げる。

(1)　従業員転籍の手法

①　従業員転籍の概要
　カーブアウト・事業売却において，従業員を移管する方法としてはメキシコでは以下の2つの方法がある

> (ⅰ) Employer substitution process
> (ⅱ) Termination and rehire process

　ここでは，組織人事の観点からの上記2つの方法の違いについて論じていく。各ケースが適用される詳細な法的要件については，法務アドバイザー等へ照会

| 図6－32 | メキシコにおけるカーブアウト・事業売却の論点［1］ | |

トピック	カテゴリ		留意点
従業員転籍	労働組合等労働団体が存在する事業の売却		【Employer substitution processの場合】 • 労働組合および従業員の同意を得る必要はなく，事前に通知し，従業員の報酬や福利厚生を適切に取り扱うことを伝えることが一般的である 【Termination and rehire processの場合】 • 労働組合および従業員から同意を得る必要がある いずれも移管先において勤続年数を維持するか否かが論点となる
	労働組合等労働団体が存在しない事業の売却		
労働法の性質	同一法人に複数の処遇条件が許容されるか		• 同一法人内に複数の労働条件を設けることは許容される • ただし，複数の労働条件を設けることは管理上の負荷も高くなるため一般的ではない
	TSAへの制約		• Employee LeaseやTSAを実施する際は，別途ライセンスが必要
	解雇に関する規制	一般	• セベランス（解雇手当）を支給する必要がある
		労働組合等	• セベランスの水準は労働法に規定されており，その水準を下回ることはできない

いただきたい。

　まず，(i)のケースが適用される場合の人事上の取扱いとプロセスの概要について説明する。このケースでは，プロセスの実施に際し，従業員や労働組合への通知のみが必要となり，合意を必要としない（一般に通知は買い手・売り手の双方の名義で作成し，通知されることが多い）。

　このケースでは，買い手は移管対象従業員の処遇条件について変更することができず，勤続年数の継続も含めて報酬，ベネフィット，労働時間などの労働条件をすべて維持することが求められる。

　また，メキシコにおける労働条件は労使双方の合意のうえに設定されるため，会社側が一方的に変更することは困難である。さらに，メキシコの労働法では労働条件の不利益変更は困難であり，やむを得ず実施する場合でも不利益の補填などを実施することが求められる。

図6-33　メキシコにおけるカーブアウト・事業売却の論点［2］

トピック	カテゴリ	詳　細
労働団体の性質	構成	● 労働組合は産業別に組織されている ● 労働組合の組成は必須ではないが，従業員は自由に組織化する権利を有している
	労働団体との協約	● 労働協約は会社レベルで締結される ● 同一の会社であってもロケーション別に異なる労働協約を有する場合はある ● 一般に労働協約の変更（特に従業員にとって不利益な変更）の交渉は困難
	関係	● 労働組合によって関係性は異なる ● 労働組合によって会社に対して強い交渉力を行使してくる場合もある
	一般的な合意事項	● 法定および法定外の福利厚生，手当，労働時間，労働契約の見直しのタイミング
	一般的に対象となる従業員	● 組合員（ブルーカラー）

　なお，このプロセスの終了後6か月間は売り手と買い手の双方が雇用に対する責任を有することになる点に注意が必要である（7か月目以降は買い手のみが責任を有することになる）。

　これまで述べてきたとおり，上記(i)のスキームでは従業員移管時に労働条件を維持する必要があり，移管後に労働条件を変更することは困難である。

　一方，(ii)のスキームでは，移管対象となる従業員は一度売り手企業を退職し，買い手企業に新たに入社することになるため，買い手にとって望ましい労働条件での従業員移管が可能になる。ただし，このスキームを実行するためには従業員の同意が必要となる。

　さらに，従業員は売り手からの解雇に伴うセベランス（解雇手当）の支給対象となりうる点にも注意が必要である。ただし，買い手側で，移管対象従業員の勤続年数を債務として認識する（つまり，買い手側で解雇する際には，移管前の勤続年数を通算してセベランスを支給する）場合には，売り手側はセベラ

ンスの支給が不要となる（厳密な要件については法務アドバイザー等へ照会い
ただきたい）。

② 従業員転籍における留意点

　まず，前述のとおり，一般にメキシコの労働法下においては労働条件の不利
益変更は認められておらず，万が一実施する場合には補填が必要となる。

　つまり，従業員転籍時には，売り手の労働条件を買い手でも維持するか，よ
り従業員に有利な労働条件を提示する必要がある。そのような制約があるため，
買い手に移管された従業員と従来から所属している従業員との間の労働条件の
格差が課題となることが多い。メキシコの労働法上，1つの拠点で労働条件が
異なる従業員グループが存在することは許容されているものの，従業員の協働
の阻害要因になることや人事管理にかかる工数が嵩むことが想定されるため，
そのような状況は避けることが望ましい。

　これを避ける最もシンプルな方法は，売り手と買い手の労働条件のうち，よ
り従業員に有利なほうを全従業員（移管された従業員と既存従業員の双方）に
適用する方法である（例：売り手の労働条件が買い手のそれより従業員にとっ
て有利な場合は，買い手の既存従業員も含めて売り手の労働条件と揃える，な
ど）。

　この方法を取ると確かに移管された従業員と既存従業員のいずれも労働条件
が下がることがなく，比較的円滑に統合することが可能になる。

　しかしながら，労務費の観点から上記のようにすべて高いほうに揃えること
が許容できないことも多く，実際は売り手と買い手の中間的な新制度を整備し
て両社の従業員を新制度に合わせていくことを検討する場合もある。この場合，
新制度は単に両社の制度を見比べて中間をとってくるだけではなく，マーケッ
トプラクティスを参照しながら一定の競争力をもつ新しい制度を整備すること
で，従業員のモチベーションを担保していく。

　ただし，前述のとおり，従業員にとって不利益な労働条件の変更は労働法の
制約により困難である。そのため，実務上の煩雑性はあるものの段階的な移行

をとることも考えられる。

　具体的には，上述した統一的な新制度の適用を新規に採用する従業員にのみ適用する方法が挙げられる。このとき，売り手から移管された従業員と買い手にすでに雇用されていた従業員についてはそれぞれが現行の労働条件を維持し，その後採用された従業員については新制度の適用を受けることになる。したがって，1つの会社であるにもかかわらず3つの制度が併存することになるため管理はやや煩雑であるが，従業員の入れ替わりの中で，時間をかけて1つの制度に収斂させていきながらも交渉の難易度を下げることが可能になる。

　実際，買い手で「どのように制度を統合していくのか，あるいは統合しないのか」については買い手側が経営状況を踏まえて検討すべきことであり，売り手としては関知しないところだが，売り手の従業員が売却後にどのような処遇となりうるかについて理解しておくことは売却前の従業員コミュニケーションの観点から重要である。したがって，買い手が方向性を検討するために必要な情報を提供するとともに事前に買い手の意向を確認しておくことが望ましい。

(3)　その他──労働協約

　メキシコにおいては，労働協約は会社単位で締結されており，それがEmployer substitution processの場合には買い手でも維持されることとなり，かつ前述のとおり従業員にとって不利益な変更は困難である。

　そのため，極端に従業員にとって有利（マーケットプラクティスに対してリッチ）な労働協約を有している場合，その協約の存在自体が現状の自社の経営にネガティブな影響を与えるだけでなく，事業売却の局面においても買い手にとってネガティブな要素として受け取られる可能性が高い。

　したがって，マーケットプラクティスに整合したレベルの労働条件，労働協約となるように時間をかけて労使交渉を進めていくことは，メキシコでのビジネスの遂行および将来の事業売却の双方の観点から重要な要素である。

索　引

■執筆者略歴

北野　信太郎（きたの　しんたろう）

マーサージャパン株式会社
マルチナショナルクライアントセグメント代表
M&Aアドバイザリーサービス部門代表
英国アクチュアリー会正会員

グローバル企業のトランスフォーメーションを，事業のライフサイクル全体にわたり，M&A（買収・売却）を含めて支援。
社外での講演や専門誌等への寄稿等も多数行う。
マーサー入社以前は，英国ワトソンワイアット（現・ウィリスタワーズワトソン）で年金数理コンサルティングの業務に携わる。
ロンドン大学インペリアル・カレッジ大学院で数学の修士号を取得。

猪瀬　行広（いのせ　ゆきひろ）

マーサージャパン株式会社
組織・人事変革コンサルティング部門
M&Aアドバイザリーサービスリーダー　プリンシパル

M&A・組織再編時における組織・人事デューデリジェンスからPMIまで，幅広い支援を提供している。特に，合併時の組織・人事PMIの支援や会社分割・事業譲渡による事業の切り出し後の新会社立ち上げ支援を得意とする。また，人事制度，要員・人件費コントロール，退職給付制度など組織・人事分野における豊富な経験を有する。
医薬品メーカー人事部，外資電子機器メーカー人事部，大手総合コンサルティングファーム等を経て，現職。

小川　名穂子（おがわ　なおこ）

マーサージャパン株式会社
M&Aアドバイザリーサービス部門　マネージャー

プライスウォーターハウス クーパース コンサルティング（現・日本IBM ビジネスコンサルティング部門）を経て現職。
多様な業界の日本企業および外資企業日本法人における，グローバル人事業務プロセス改革，人事システム導入，人事制度設計等，各種人事関連プロジェクトに参画し，グローバルタレントマネジメントを主要テーマとする。また，会社統合に伴うPMI支援や，組織設計，チェンジマネジメント等も経験。
マーサー参画後，日本企業によるクロスボーダーM&Aアドバイザリー業務に従事。組織人事デューデリジェンス業務，経営者報酬およびリテンションプラン策定，ガバナンス設計，グローバル企業の事業買収における人事制度設計，従業員コミュニケーション，買収後経営

体制トランジション支援等，幅広い支援を行っている。

著書に，『M&Aを成功に導く人事デューデリジェンスの実務（第3版）』2019年（中央経済社，共著）がある。

国際基督教大学教養学部社会科学科卒。

奥平　剛次（おくひら　たけつぐ）

マーサージャパン株式会社

年金コンサルティング部門リーダー

日本アクチュアリー会正会員　年金数理人

年金関連業務における20年超の経験を有する。数理計算，制度設計，年金ALM，M&Aにおけるデューデリジェンス・契約交渉・PMIなど幅広いプロジェクトをリード。マーサー入社以前は大手信託銀行において，企業年金に関する制度設計，数理計算業務および運用提案などの業務に従事。

東京大学大学院工学系研究科 都市工学専攻修了。

小原　広太郎（おはら　ひろたろう）

マーサージャパン株式会社

M&Aアドバイザリーサービス部門　マネージャー

日系機械メーカー人事部を経て現職。

主に日本企業による欧州・米国企業の買収に伴う組織・人事デューデリジェンス，経営者報酬設計・リテンション，買収後のグローバル人事戦略策定の支援などに従事している。また，統合から数年が経過した企業における中長期的な人事戦略の設計，過去に買収した拠点に対する人員削減・適正化など，統合の一層の深化を目指すフェーズにおける複数のプロジェクトにも携わってきた。

現職以前は，事業会社の日本本社および欧州統括会社の人事部に勤務し，主に等級・評価・報酬制度，従業員ベネフィットの領域における専門性を培ってきた。ダイバーシティ促進プロジェクトの主導，労使関係の調整，国際間人事異動制度の導入，Stock Appreciation Right型の長期インセンティブ導入などの実務にも携わっており，人事領域での幅広い経験を有する。

京都大学総合人間学部卒，京都大学大学院人間・環境学研究科修了。

佐藤　智哉（さとう　ともや）

マーサージャパン株式会社

M&Aアドバイザリーサービス部門　マネージャー

住友商事人事部を経て現職。

前職では，労務・厚生企画，報酬設計，個別人事，グローバル人事，人事制度改訂など，人事領域での幅広い経験を有する。米国ニューヨークにて現地法人の報酬設計，国際間異動等

を担当，またブラジルサンパウロにて南米全域の人事を担当し，現地法人でのグレード制度導入，経営者報酬の設計に携わるなど，海外での人事経験も豊富。
マーサーでは，日系企業のクロスボーダーM&Aにおける人事デューデリジェンス，クロージングに向けた人事支援，経営者リテンション，買収後のインセンティブ設計等に参画。
大阪大学経済学部経済・経営学科卒。

佐藤　礼隆（さとう　ひろたか）

マーサージャパン株式会社
M&Aアドバイザリーサービス部門　アソシエイトコンサルタント

大手国内製薬会社人事部を経て現職。
前職ではHRビジネスパートナーとして，管理部門ならびに新規事業開発部門における組織人事戦略の立案，人材配置・評価・育成，組織開発施策の展開などを担当。また，本社人事企画として海外派遣制度やポスティング制度の導入，サクセッションプランニング，海外子会社のボードメンバー管理などの経験も有している。
マーサー参画後は，電機・機械，自動車，化学，非鉄金属，物流，通信，食品，サービスなどの業界を支援。国内外の企業の買収に伴う人事デューデリジェンス支援やPMIフェーズにおける人事制度統合支援等の経験を有する。加えて，日系企業に対するタレントマネジメントの導入支援，経営人材アセスメント支援，人事制度改定などの組織人事に関するコンサルティング経験も豊富。
早稲田大学商学部卒。

柴山　典央（しばやま　のりお）

マーサージャパン株式会社
M&Aアドバイザリーサービス部門　プリンシパル

国内独立系ベンチャーキャピタルにおけるハンズオン投資，総合コンサルティングファームにおける製造流通業への経営コンサルティングを経て現職。
これまで，国内外の未上場企業に対するインセンティブプランの提案，組織再編の実行，大手上場企業に対するプロジェクト制組織の導入支援等を行っている。
マーサーにおいては，日系企業のクロスボーダーM&Aの支援を手がけている。これまで，化学，機械，IT，精密機器などの幅広い業界にわたって人事デューデリジェンス，経営者のリテンション，ガバナンス体制の設計，多国籍企業の資産買収における従業員転籍支援を行っている。
慶應義塾大学理工学部化学科卒，同大学院基礎理工学専攻修了。

白川　雄一（しらかわ　ゆういち）

マーサージャパン株式会社
M&Aアドバイザリーサービス部門　マネージャー

モルガン・スタンレーを経て現職。

前職では，債券・株式・為替のミドルオフィス業務に従事。JGB・外債トレーディングシステムの新規導入，株式ポストトレード処理効率化，為替法定帳簿および顧客ステートメントの自動化等のBPRプロジェクトリード経験を有する。

マーサーにおいては，日本企業による国内外の企業の買収案件ならびに外資系企業による日本企業の部門買収案件，国内事業再編に伴う統合案件，日本企業の海外JV設立案件に従事。これまでに，電機・機械，精密機器，化学，製薬，物流，情報通信，金融，食品，サービスなど幅広い業界の支援実績がある。領域別には，人事デューデリジェンス，経営者リテンション，多国籍カーブアウト案件のクロージング支援，従業員コミュニケーション，PMIにおけるグループ再編に伴う人事制度統合等の支援を行っている。

著書に，『M&Aを成功に導く人事デューデリジェンスの実務（第3版）』2019年（中央経済社，共著）がある。

国際基督教大学教養学部国際関係学科卒。

竹田　年朗（たけだ　としろう）

マーサージャパン株式会社
M&Aアドバイザリーサービス部門　パートナー

株式会社大林組，マッキンゼー・アンド・カンパニー，ワトソン・ワイアット，ベイン・アンド・カンパニーを経て現職。

15年にわたり，日本企業の行うクロスボーダーM&Aを幅広く支援している。

著書に，『クロスボーダーM&Aの組織・人事マネジメント』2013年（中央経済社，第7回M&Aフォーラム賞受賞），『買収効果が出るクロスボーダーM&Aの組織・人事手法〜コントロールと統合の進め方』2016年（中央経済社），『クロスボーダーM&Aの組織・人事PMI』2019年（中央経済社）などがある。クロスボーダーM&Aに関する寄稿，セミナーも，積極的に行っている。

東京大学法学部卒，コーネル大学ジョンソンスクール経営学修士課程修了（MBA）。

野坂　研（のさか　けん）

マーサージャパン株式会社
M&Aアドバイザリーサービス部門　プリンシパル

大手自動車メーカー，ものづくり系スタートアップ企業を経て現職。人事実務に関する豊富な知識や経験を有する。

生産・研究開発部門の戦略実現に向けたHRMの戦略的立案・実行，米国子会社におけるサクセッションプランニング導入，従業員意識調査設計・分析，国内労使ルール改訂，関係会社への労務コンサルティング等の経験を有し，実務にも明るい。

スタートアップ企業では，アーリーステージにおける人事労務制度設計・運用立ち上げを主導した経験を有する。

マーサーでは，各国上場企業をはじめ，PEからの企業買収や創業者ベンチャー買収など複数パターンにおける人事デューデリジェンス，経営者リテンション，買収後のインセンティ

ブ設計等のプロジェクトに参画・リードした経験を有する。近年では，大型買収案件における複雑性の高い経営者リテンション交渉支援，買収後の経営者トランジションの支援など，経営者ガバナンス・コントロールの領域でのプロジェクトを複数リードしている。国内の再編・統合プロジェクトとしては，グローバル企業の事業売却に伴うカーブアウト，外資系製薬会社の人事制度統合などの支援経験を有する。
著書に，『M&Aを成功に導く人事デューデリジェンスの実務』2019年（中央経済社，共著）がある。
東京大学経済学部卒。

橋本　道雄（はしもと　みちお）

マーシュジャパン株式会社
プライベートエクイティ＆M&Aサービス　バイスプレジデント
日系大手化学メーカーの本社法務部およびシンガポール地域統括会社での法務担当を経て現職。
2017年にマーシュに入社以来，国内外のM&A案件において表明保証保険をはじめとするリスクアドバイザリー業務を担当。
近時の記事（共著も含む）として「【鼎談】大手損保4社が参入した国内M&A保険の現状と期待」（MARR Online，2021年11月30日），「M&Aにおける表明保証保険の利用上のポイント」（経理情報，2021年5月1日号（No.1610）），「国内M&A向け表明保証保険の要点」（金融財政事情，2021年3月29日号），「表明保証保険とは—最新の動向および日本企業が留意すべき点」（JOI，2018年5月号）などがある。
テンプル大学ビーズリーロースクール修了（LLM），ニューヨーク州弁護士。

服部　洋平（はっとり　ようへい）

マーサージャパン株式会社
M&Aアドバイザリーサービス部門　シニアマネージャー

監査法人系コンサルティングファーム，大手自動車メーカーを経て現職。
前職では，人事企画業務に従事。各種制度設計に加え，グローバルアラインメント，各種人事システムならびに関連する業務プロセス改革などのプロジェクトマネジメントの経験を有する。
コンサルタントとしては，日系企業に対する組織人事コンサルティング業務に従事。
支援してきた業界は，電機・機械，精密機器，化学，物流，情報通信，食品，サービスなどがあり，人事制度改定，組織再編，ガバナンス体制の構築，人事領域のデューデリジェンス，グローバルタレントマネジメント，要員計画，従業員意識調査，グローバルモビリティーポリシー策定等の支援を行ってきた。
東京大学農学修士。

◆編者紹介

マーサーについて

マーサー（英語社名：Mercer，本社：ニューヨーク，社長兼CEO：Martine Ferland）は，組織・人事，福利厚生，年金，資産運用分野におけるサービスを提供するグローバル・コンサルティング・ファームです。

全世界約25,000名のスタッフが44ヵ国をベースに，130ヵ国以上でクライアント企業のパートナーとして多様な課題に取り組み，最適なソリューションを総合的に提供しています。

日本においては，40年以上の豊富な実績とグローバル・ネットワークを活かし，あらゆる業種の企業・公共団体に対するサービス提供を行っています。組織変革，人事制度構築，福利厚生・退職給付制度構築，M&Aアドバイザリー・サービス，グローバル人材マネジメント基盤構築，給与データサービス，年金数理，資産運用に関するサポートなど，「人・組織」を基盤とした幅広いコンサルティング・サービスを提供しています。

マーサーは，ニューヨーク，シカゴ，ロンドン証券取引所に上場している，マーシュ・マクレナン（証券コード：MMC）グループの一員です。マーサーについての詳細は，以下をご参照ください。

マーサージャパン　https://www.mercer.co.jp
Mercer（Global）　https://www.mercer.com

カーブアウト・事業売却の人事実務

2022年11月1日　第1版第1刷発行

編　者　マーサージャパン
発行者　山　本　　　継
発行所　㈱中央経済社
発売元　㈱中央経済グループ
　　　　　パブリッシング

〒101-0051　東京都千代田区神田神保町1-31-2
電話　03 (3293) 3371 (編集代表)
　　　03 (3293) 3381 (営業代表)
https://www.chuokeizai.co.jp

印刷／三英印刷㈱
製本／㈲井上製本所

© 2022
Printed in Japan